QUEL LEADERSHIP POUR LE DÉVELOPPEMENT DE LA GUINÉE

DE LA PROBLÉMATIQUE DU LEADERSHIP EN GUINÉE

OUSMANE MORIAH KABA

Dédicace

À ma famille, en particulier à mon épouse Mariam et à mes enfants qui illuminent ma vie de leur amour et de leur soutien inébranlable.

Hommage à mon frère et ami Mohamed Déco Camara, décédé le 06 mars 2023, qui m'avait toujours encouragé à écrire. Paix à son âme.

Avant-propos

Lors de deux voyages que j'ai effectués à Dakar[1] et à Abidjan[2], j'ai rencontré plus d'une centaine de jeunes activistes et politiques de différents pays et continents, avec lesquels j'ai échangé sur des sujets d'ordre politique, social et économique.

Les partages d'expériences m'ont fait relever la différence dans la construction des cultures politiques. Si pour des uns, le leadership doit être une autorité conditionnée et remplaçable, pour d'autres, il a une mission historique qu'il doit mener jusqu'au bout.

J'ai rencontré des jeunes, devenus à moins de trente ans, des élus dans leurs pays, des responsables dans les instances de prise de décision de leurs partis politiques. Ils étaient en plein, dans l'exercice du leadership ; grâce à une carrière politique bien tracée. La réussite de cette carrière dépendrait ensuite, du talent intrinsèque de chacun, mais aussi de la culture politique de la société, qui leur offre des opportunités de s'épanouir et de s'émanciper, notamment, des échéances électorales régulières et crédibles à tous les niveaux. Cet exercice de leadership commence dans ces pays dès le lycée ; où des élèves de treize et quinze ans apprennent à élire leurs délégués (chefs de classe), à débattre et à participer librement à la résolution des problèmes de leur école.

D'un autre côté, j'ai vu deux pays (Sénégal et Côte d'Ivoire) qui progressent de façon soutenue et remarquable. Les infrastructures et le niveau de vie des populations à Dakar et Abidjan sont d'un cran au-dessus de ce qu'on voit à Conakry ; le progrès était là, visible, on pouvait le toucher du doigt, le vivre. Pourquoi ces pays avancent-ils plus vite que la Guinée, alors qu'ils étaient confrontés aux mêmes défis après les indépendances ? C'est la question que je n'ai cessé de me poser.

---

[1] Assemblées générales de la Fédération internationale de la jeunesse libérale (IFLRY) et de la jeunesse libérale africaine pour la liberté (ALYF), juin 2022. Auxquelles j'ai participé en tant que délégué de la jeunesse de l'UFR.

[2] Forum ouest-africain de la jeunesse à l'Institut Politique Amadou Gon Coulibaly d'Abidjan, décembre 2022.

Souvent, c'est la corruption ou encore la mauvaise gouvernance qui est indexée par les Guinéens comme la source du retard criard de leur pays. Alors que ces maux, ne sont qu'indicatifs d'un problème plus complexe, la *défaillance du leadership de la classe dirigeante*. Paradoxalement, ce sujet est peu traité dans les débats publics en Guinée.

La *problématique du leadership* n'est évoquée dans les écoles, dans les conférences et dans les médias que lorsqu'on parle de l'entrepreneuriat. On oublie que dans le monde globalisé du vingt-et-unième siècle, où le libéralisme économique est devenu la règle, les États fonctionnent comme des entreprises : *création de valeur* pour la population.

Ousmane Moriah Kaba

SOMMAIRE

Introduction

L'une des choses qui m'ont marqué quand j'ai atterri à l'aéroport Blaise Diagne de Dakar et à celui d'Abidjan, Félix Houphouët-Boigny, c'est l'immensité des infrastructures : des pistes d'atterrissage pouvant accueillir à la fois une dizaine de Boeing ou Airbus ; des salles d'attente grandes comme un terrain de football ; des aires de jeu pour les enfants dont les parents attendent un vol ; du wifi avec de l'internet haut débit pour les passagers en transit. Des passagers, beaucoup de passagers de toutes les couleurs ; signe que ces capitales attirent le monde entier.

Ces infrastructures, l'organisation des services publics, la qualité des routes traversées de l'aéroport aux centres villes témoignent non seulement du sérieux, mais aussi de la vision éclairée des leaderships dans ces pays. Bien sûr que dans ces pays, il reste encore beaucoup à faire. Ils sont encore loin du développement complet. Mais tout est-il que l'espoir est permis d'y arriver dans un futur proche, car les perspectives économiques sont claires et laissent présager un futur meilleur. Les choses avancent bonnement. En-tout-cas plus vite et plus sûr que chez nous, en Guinée. À la recherche de la réponse de la question pourquoi ces pays avancent-ils plus vite que la Guinée, j'ai épluché un grand nombre d'analyses politiques, économiques et sociologiques dans l'objectif de trouver des éléments explicatifs à ce phénomène.

En effet, depuis l'ancien diplomate français Alexis de Tocqueville qui au dix-neuvième siècle avait prédit que les États-Unis[1] allaient devenir une puissance mondiale en se fondant sur certains atouts dont le pays disposait comme entre autres : l'abondance des matières premières, une démographie jeune et évolutive, l'espace géographique disponible, le régime politique et la soif du succès de ses citoyens ; les analyses, les théories et les

---

[1] De la démocratie en Amérique – Alexis de Tocqueville – Institut Coppet – douzième édition, revue, corrigée

prévisions de ce type sont florissantes. Ainsi, l'économiste et analyste britannique Jim O'Neill, en 2001, avait vu juste sur l'émergence de nouveaux pôles d'excellence au vingt-et-unième siècle, qu'il a appelé, les BRICs (Brésil, Russie, Inde, Chine puis l'Afrique du Sud) partageant des atouts comme : richesse en ressources naturelles et humaines, vastes marchés domestiques, énorme potentiel de développement avec de brillantes perspectives grâce à « la coordination des politiques de développement ».

Ces analyses placent comme fondamental à la réussite des pays, le leadership de la classe dirigeante. On retrouve cela clairement dans l'expression *régime politique* et *soif de réussite* énoncée par Tocqueville ou dans les termes *ressources humaines* et *coordination des politiques de développement* évoqués par O'Neill.

En dépit d'énormes richesses naturelles que leur pays dispose, l'écrasante majorité des quatorze millions de Guinéens croule sous la misère.

Le lien entre la gouvernance politique et le progrès économique d'un pays étant indissociable, mes analyses et observations dans ce livre viennent rappeler que la Guinée malgré l'abondance de ses richesses naturelles ne peut espérer tirer profits de ses avantages et atouts sans avoir réglé l'épineuse question du leadership à la tête du pays.

La superficie de la Guinée (deux-cent quarante-six mille kilomètres carrés) fait quinze fois, la Suisse, huit fois, la Belgique, ou encore, c'est près de trente fois la région de l'Île-de-France.

Scandale géologique par l'abondance des ressources de son sous-sol, la Guinée dispose la première réserve mondiale de bauxite (minerais d'aluminium : sept à neuf milliards de tonnes)[1] et possède le gisement de minerai de fer le plus riche du monde ; des centaines de milliers de tonnes de réserves prouvées d'or et de carats de diamant ; des gisements de pétrole, d'uranium, de manganèse, de graphite, etc. Des richesses minières qui placent le pays au centre des influences des puissances étrangères : la Chine, la Russie, la Grande-Bretagne, les États–Unis, l'Australie,

---

[1] Donnée IFC 2020

la France, les Émirats Arabes-Unis… sont présents dans le pays à travers des multinationales de renommé mondiale comme *Rio Tinto, ChAlco, Alcan, Alcoa, Global Alumina Corporation, Vale, BHP Billiton*, etc.

Paradoxalement, malgré la place qu'elle occupe dans l'économie guinéenne, la population ne profite pas assez de l'exploitation minière. L'organisation *Human Right Watch* parle même de lourdes conséquences sur les droits humains des communautés situées près des mines : perte des terres, accès difficiles à l'eau et autres ressources de subsistance, la pollution de l'air, etc.

Les mines exploitées à ciel ouvert sans aucune transformation complète sur place représentent plus de quatre-vingt-dix pour cent des exportations du pays, mais sa contribution au produit intérieur brut – PIB est largement faible. En termes de revenue, c'est à peu près une modique somme d'un demi-milliard de dollars, alors que le pays est le troisième producteur mondial de bauxite derrière l'Australie et la Chine ; treizième pour le diamant et douzième pour l'or.

Selon un rapport[1] du *Fond Monétaire international-FMI*, le nombre d'emploi crée reste très faible, environ sept pour cent des emplois formels. Il explique cette situation, notamment par la sous-évaluation du prix de la bauxite guinéenne (qui est pourtant de la meilleure qualité au monde), les pertes de recettes liées à la corruption, au détournement et aux exonérations fiscales accordées à certaines entreprises qui exploitent les mines. Un problème de gouvernance donc ! Or, la transformation sur place d'une partie des extractions de la bauxite et du fer exploités permettrait au pays de multiplier ces revenues par cinq cents selon les estimations des experts. Mais pour cela, il faut trouver une capacité de production énergétique suffisante pour alimenter raffineries, fonderies et hauts fourneaux. Cet objectif peut être atteint en investissant notamment dans la construction des barrages hydroélectriques, une énergie verte et largement

---

[1] Recettes minières en Guinée – Rapport FMI n°21/147, juin 2021

disponible dans le pays, dont le potentiel est estimé à plus de six mille mégawatts. C'est une question de vision des décideurs.

La Guinée ne dispose d'aucune raffinerie de pétrole pour sa consommation domestique. La crise de carburant survenue en juin 2022 à cause d'un retard de livraison et en fin de l'année 2023 après l'incendie du dépôt principal de Conakry, avait plombé toute l'économie du pays en quelques jours. Elle a été tellement brutale qu'elle aurait pu déboucher sur une insurrection populaire. Pour moi, cette crise résulte d'un manque de volonté politique.

Par ailleurs, l'économie du pays est en grande partie dominée par l'informel, qui représente près de quarante-deux pour cent du Produit intérieur brut – PIB et quatre-vingt-seize pour cent des emplois selon les estimations de l'*Institut national des statistiques - INS*. Pourtant, le pays fortement qualifié de « château d'eau » de l'Afrique de l'Ouest dispose de plusieurs millions d'hectares de terres arables. Des terres qui, si elles sont bien valorisées peuvent faire du pays le grenier de la sous-région et créer une économie solide et des emplois massifs et bien rémunérés. Malheureusement, le pays peine à assurer même son autosuffisance alimentaire, alors que des milliards de francs guinéens sont engloutis chaque année dans la subvention des intrants lors de campagnes agricoles annoncées en grande pompe.

Il convient donc qu'en premier ressort, c'est la bonne gouvernance, la volonté politique et la vision des décideurs au plus haut sommet de l'État qui constituent la condition nécessaire pour que chaque Guinéen puisse toucher son dû dans les dividendes des richesses du pays.

La mauvaise gouvernance freine les réformes indispensables au progrès, plombe la croissance économique et empêche la création de valeur pour les citoyens.

Le pouvoir politique devenu un enjeu économique a contribué à une corruption généralisée de l'administration publique et accentué un état de pauvreté endémique dans le pays.

En 2023, une enquête de l'inspection Générale de l'État - IGE révèle que trente pour cent des diplômes des agents de la fonction publique, sur un échantillon de plus mille diplômes étaient des faux documents. L'indice de perception de la corruption dans le secteur public en Guinée donne 75 points sur 100 en 2022, selon *Transparency International.* Dans cette échelle qui va de 0 à 100, plus le score est élevé, plus la corruption est massive. La Guinée occupe ainsi la 148e place sur 180 pays. Quant à l'indice de la démocratie publié régulièrement par *l'Economist Intelligent Unit – EIU,* dans son rapport de 2020, classe la Guinée comme un régime autoritaire, en se basant sur un certain nombre de critères, dont le processus électoral, les libertés civiles, le fonctionnement du gouvernement, la participation politique et la culture politique. L'un des pays les plus instables de la sous-région ouest-africaine ; en soixante-cinq ans d'indépendance, une seule passation pacifique du pouvoir pour quatre coups d'État ayant abouti à des changements de régime. Le dernier remonte au 05 septembre 2021.

Le constat le plus alarmant de la situation de crise guinéenne est observé dans le secteur de l'éducation. Suivant les résultats d'une enquête publiée en 2019 par le ministère en charge de l'éducation nationale[1], deux jeunes guinéens sur cinq âgés entre 5 et 17 ans sont non-scolarisés ; le tiers d'une génération en Guinée n'atteint pas la classe de *CM2,* soit parce que les enfants n'ont jamais été scolarisés, soit parce qu'ils ont abandonné l'école ; et seulement moins d'un jeune guinéen sur cinq atteint la classe de terminale. La même enquête révèle qu'au niveau de l'enseignement supérieur, les étudiants sont concentrés dans des domaines de formation qui ne répondent pas directement aux besoins de développement du pays : les lettres et les sciences sociales représentent plus de deux tiers des effectifs dans les universités. Alors que le pays est un scandale agricole et minier, à peine onze pour cent des étudiants sont orientés dans ces

---

[1] Analyse du secteur de l'éducation et de la formation, pour l'élaboration d'un programme décennal (2019 – 2028) – *Unicef, Unesco, Iipe – 2019* – pages 17 à 35

filières.   La formation des formateurs et les mathématiques représentent seulement quatre pour cent des inscrits, pendant que des milliers d'enseignants manquent à l'appel chaque année dans les écoles du secondaire.

Au regard de ces constats, la situation de déliquescence à la fois économique, politique et sociale dans laquelle le pays perdure ne peut s'expliquer que par la défaillance de son leadership politique. Mes analyses dans ce livre visent in fine, à démontrer la corrélation entre la situation actuelle du pays et la qualité des leaderships qui l'ont dirigé. Sur ce, en guise de développement de cet essai, je cherche à cerner davantage la problématique du leadership dans notre pays.

Cet essai vise donc, à recentrer le débat national sur cette problématique. Il est le fruit d'une longue réflexion soutenue par différents analyses et articles sur la politique et la société guinéenne. Il se consacre à explorer tous les facteurs liés à l'émergence d'un leadership dans un pays comme la Guinée, et son impact sur le développement.

Pour ça, il s'agira, dans la première partie d'établir les contextes socio-culturels et historiques de l'émergence des leaders dans la société guinéenne : les influences, les parcours, les imaginaires, les préjugés, les croyances, les mythes, les stéréotypes, les superstitions, les clichés, etc. Puis, en s'appuyant sur les théories et concepts sur le leadership enseignés dans les écoles de management et de sciences politiques, et, en comparant le niveau de progrès de la Guinée à celui de certains pays avec lesquels des similitudes existent, il est traité dans la dernière partie, la nécessité d'un changement de paradigme du leadership en Guinée. Ainsi, nous tenterons de répondre à la question, quel leadership pour le développement de la Guinée ? Ou plutôt, pour être plus précis, quel est le type de leadership adapté à la situation guinéenne ?

À la fin, des propositions sont faites pour favoriser un changement de paradigme dans la culture politique de la société guinéenne. Mais d'abord, passons en revue les concepts et théories essentiels à la compréhension de la notion du *leadership*.

Qu'est-ce que c'est que le leadership ?

Tout comme l'importance des repères dans l'étude du mouvement d'un mobile pour un physicien, il est primordial ici, qu'avant tout développement des thèses de cet essai, de trouver des référentiels plus commodes à notre compréhension parmi les nombreuses définitions et théories qui existent sur la notion du leadership.

« *Le leadership* est *le processus de mouvement orienté vers la création de valeur par des personnes qui en ce moment, vous font confiance parce que vous êtes à leur service et au service d'une cause plus grande.* »[1].

Cette définition du Belge David Ducheyne, psychologue des organisations, consacre trois caractères au leadership :

- Avoir l'*autorité* sur un groupe de personnes ;
- Avoir la *confiance* en soi et l'inspirer aux personnes qu'on dirige ;
- Et la *capacité* de guider le groupe vers l'atteinte des objectifs fixés, c'est-à-dire la *création de valeur.*

En quoi consiste donc la création de valeur dans un État ? Est-ce que tous les leaderships conduisent vraiment à la création de valeur ? « *Tout leadership qui se veut durable doit reposer sur le caractère.* » Estime David Ducheyne ; on entend par caractère, c'est ce que « *nous sommes* ». Peut-on devenir le meilleur de nous-même ? « *C'est là que réside tout le défi pour tout individu appelé à diriger* » Dit-il.

Les dirigeants guinéens ont-ils alors su se surpasser pour devenir davantage d'eux-mêmes ? Un leader qui a du caractère (de la valeur) travaille à ce que ses actions d'aujourd'hui n'aient pas des répercussions néfastes pour les prochaines générations. Ainsi, le caractère durable du leadership se traduit par les actions du leader, qui génèrent des *effets durables* pour ceux qui sont sous son leadership et créent un *contexte propice* à la création et à la perpétuation d'une valeur durable pour l'organisation[2] qu'elle soit financière, économique, sociale et sociétale.

---

[1] Le leadership durable ; ou comment diriger dans un monde VUCA – David Ducheyne, 2016.
[2] Le leadership dans un monde VUCA – Emely Theerlynck – Securex, Human capital matters – www.securex.eu

Le dictionnaire français Larousse donne un sens plus large à la notion du leadership ; il le définit comme une *position de domination* dans un groupe où celui qui occupe cette fonction est appelé *leader* (traduit étymologiquement de l'anglais signifie *dirigeant*). Donc, ici, le leadership se résume à la capacité de disposer l'autorité sur les autres.

Le sens donné au leadership dans la définition de Ducheyne me paraît plus juste et adéquat à notre époque, car dans n'importe quelle organisation nous attendons tous du dirigeant (le leader) qu'il réponde à nos préoccupations actuelles et futures. D'ailleurs, Perspective Monde de l'Université Sherbrooke du Canada aborde dans le même sens dans sa définition du leadership : « La capacité d'un individu à mener ou conduire d'autres individus ou organisations dans le but d'atteindre certains objectifs».»[1]. On comprendra alors ici que le leader se distingue d'un simple dirigeant par sa capacité d'influencer, de guider et d'inspirer, mais surtout le pouvoir de réaliser et de conduire le groupe vers des résultats. Cela peut-être dans un cadre privé (dans les entreprises par exemple) ou dans le domaine public (en politique).

Pour un État, le but du leadership demeure le développement économique et social de la population.

Dans un pays comme la Guinée, les préoccupations de la population sont les mêmes que chez tous les peuples civilisés, à savoir l'accès aux besoins vitaux, aux conditions de vie meilleures comme : l'eau potable, l'électricité et du logement décent ; de manger à sa faim ; des emplois bien rémunérés ; de l'éducation et de la santé pour tous ; de l'accès à l'internet ; de bonnes qualités de routes ; de respecter les libertés individuelles et publiques, etc. Dans ce livre, il s'agira essentiellement du leadership en tant qu'autorité politique qui a dominé et guidé la population de la Guinée. Ainsi, on répondra à la question de savoir quels impacts leurs actions ont eu sur les conditions de vie des gens et sur le processus de développement du pays ? Chaque

---

[1] Leadership – Brève définition, Equipe Perspective monde, juillet 2023, Perspective.usherbrooke.ca

leadership, a-t-il pu répondre aux enjeux de son temps?

Certaines situations exigent du leader le dépassement de soi, l'appellent à faire des compromis sur ses propres intérêts au profit des enjeux plus grands. C'est ce que je considère comme faire « le meilleur de soi-même ».

En outre, la légitimité d'un leadership est un facteur pouvant peser dans ses actions.

En suivant l'économiste et sociologue allemand, Max Weber, on comprend que : « *La légitimité est la capacité d'une personne ou d'un groupe à faire accepter sa domination, son autorité aux membres d'une communauté ou d'une société* »[1]. Elle découle de trois grandes sources, selon Max Weber :

La légitimité légale « *croyance en la légalité des règlements définis et du droit de donner des directives* ». Ceux qui sont appelés à exercer l'autorité, la domination le font par les moyens des règles et des lois qui définissent son fonctionnement. C'est le cas dans les États et organisations modernes où les citoyens obéissent à un ordre impersonnel et objectif définit par la loi ou la constitution. Une telle autorité a une domination limitée par des textes réglementaires.

La légitimité traditionnelle « *reposant sur la croyance quotidienne en la sainteté de ceux qui sont appelés à exercer l'autorité par ces moyens* ». Elle est observée généralement dans les sociétés féodales, organisations traditionnelles et religieuses et les monarchies où l'autorité possède un pouvoir issu des traditions et coutumes ; celui-ci peut être absolu si des limites ne sont pas fixées par la tradition elle-même.

Enfin, la légitimité charismatique « *soumission au caractère sacré, à la vertu héroïque ou à la valeur exemplaire d'une personne* ». Dans ce type de légitimité, le leader est vu par la communauté comme dépositaire d'une mission historique, voire messianique ; il persuade par son charisme et son aura, les membres de la communauté ou de l'organisation que lui obéir est un devoir et une obligation morale.

---

[1] Économie et société, Max Weber, Collection Pocker Agora, 2003, page 96-100

Qu'en est-il donc du leadership qui s'impose par la force (coup d'État militaire, colonisation) ? Possède-t-il une quelconque légitimité ? Et de quelle légitimité disposent les leaderships dans la société guinéenne ?

Dans un pays où les élections ne sont que simulacre et hold-up, il est aberrant de parler d'une quelconque légitimité du dirigeant ; encore moins, s'il a accédé à ses fonctions par un coup de force et s'y maintient par les méthodes dictatoriales. Les lois et l'apparente République ne servent pas dans ce cas à limiter son autorité, mais à la renforcer en vue de la rendre absolue. Afin de se légitimer, la clique ayant accédé au pouvoir par la force mise sur deux choses : le caractère salvateur de son action (coup d'État) qui est élevée au rang d'une mission historique, et du charisme personnel de son leadership qui se place en messie ; en construisant et entretenant autour de son personnage des mythes et légendes.

De la notion du style de leadership :

Kurt Lewin, psychologue américain spécialiste des relations interpersonnelles est le père de la notion de style de leadership ; il distingue trois styles de leadership dans les organisations[1] :

Le leadership *autoritaire* ou *directif* qui repose sur un chef qui donne des ordres, lesquels ne peuvent pas être discutés ou contestés. Ce leadership possède une autorité totale et impose sa volonté et sa vision à l'organisation. Ainsi, les choses peuvent aller vite, mais avec le risque que l'organisation accumule des difficultés si le leader n'est pas compétent.

Le leadership *participatif* ou *démocratique*, qui encourage les membres du groupe à faire des propositions et faire preuve de créativité. Il consulte son équipe avant de prendre une décision. Ce qui réduit ainsi le risque de se tromper. Mais son processus de prise de décision prend du temps, ce qui peut être préjudiciable en des moments de crise.

---

[1] Autocracy and Democracy : An experimental inquiry, Harper&Brother : New York, 1960, p. 330

Et enfin le leadership *permissif* ou du « *laisser-faire* » ; le leader est en retrait total et laisse les membres du groupe d'agir en totale liberté et de prendre leurs propres décisions. Il présente le risque d'anarchie si les membres du groupe ne surpassent pas leurs contradictions.

À la question de savoir lequel des styles est plus avantageux ? Lewin affirme que le meilleur leader est celui qui s'adapte au contexte en maniant les meilleurs styles selon la situation qui prévaut. Ainsi, il peut se révéler autoritaire quand il le faut dans une situation précise sans renier son caractère démocratique.

Toutefois, le leadership *participatif* présente des résultats proches du leadership *autoritaire*, alors que le premier présente une satisfaction collective largement supérieure chez les membres du groupe. Chacun sentant ses actions importantes pour la réussite du groupe. Les relations interpersonnelles qui se développent dans le groupe sous le leadership participatif favorisent l'autogestion même à l'absence du leader alors que cela est impossible avec le leadership directif où tout le monde attend que ce soit le chef qui décide. Quant au troisième style, le leadership *permissif* K. Lewin remarque qu'il ne réussit ni dans la production ni dans la satisfaction.

Le fait qu'un leader ne soit pas démocratique ne l'empêche pas d'avoir des résultats positifs et durables pour son pays, de créer de la valeur pour la population.

Afin de mieux illustrer ces trois styles de leadership, le magazine Forbes a comparé quelques dirigeants présentant des styles différents :

Lyndon Johnson est un parfait leadership autoritaire à la tête d'une démocratie. Le trente-sixième président des États-Unis était connu pour son style agressif et sa capacité à faire passer de lois au congrès sur des sujets qui lui tenait à cœur. Pour ce faire, il n'hésitait pas à séduire, intimider voire, menacer ses opposants pour leur faire adhérer à sa vision. Cela lui a permis notamment de faire avancer les droits civiques des noirs.

En revanche, le leadership autoritaire de la famille Kim de la Corée du Nord, est l'illustration parfaite de l'échec de ce style si le leader est incompétent et en manque de vision et s'il n'est pas encadré par des textes réglementaires. Dans ce pays, les conseillers sont terrorisés par Kings Jong-un, et à raison. Au lieu de donner des conseils honnêtes, ils se contentent ainsi de flatter le chef d'État. Sans cadre de contrôle qui peut freiner ses pulsions dictatoriales, un leader autoritaire peut parfois s'avérer désastreux.

Nelson Mandela est l'archétype illustrant le leadership participatif. Après avoir passé près de trente ans dans les geôles de l'apartheid, il réussit à créer une nation multiraciale et à gouverner avec ses anciens ennemis. Il aurait pu chercher à se venger des blancs, comme l'avait fait Robert Mugabe au Zimbabwe, en expropriants notamment les anciens colons des terres qu'ils avaient acquis sous la colonisation, mais au lieu de cela, Mandela s'est inscrit dans une politique de réconciliation nationale et de pardon. Cela a permis à son pays d'accélérer son développement économique.

Bien que d'autres recherches aient identifié d'autres styles de leadership bien différents tels que le leadership transformationnel ou encore le leadership visionnaire, l'étude de K. Lewin demeure la plus influente dans les écoles de gestion.

Pour comprendre la forme du leadership des dirigeants guinéens, il est important d'analyser les contextes de leur émergence. C'est l'objet de la première partie de cet essai.

PREMIÈRE PARTIE :

DU CONTEXTE DE LA FORMATION DU LEADERSHIP EN GUINÉE

Bien que la Guinée soit une République, où c'est la constitution qui encadre l'autorité du chef de l'État, cependant la culture sociale et politique de la société accorde tellement de pouvoir à ses leaders qu'elle leur permet d'agir comme des monarques de droit divin.

Dans la société guinéenne comme dans la plupart des sociétés africaines, le leadership se construit autour de l'aura et le charisme de la personne du leader ; c'est-à-dire, c'est sa forte personnalité, son charme et ses qualités intrinsèques qui lui permettent de gagner et de maintenir la confiance de ceux qui le suivent.

Cette attitude qui consiste à favoriser plus la personne du leader que les valeurs du groupe a développé dans la société, une culture du culte de la personnalité et du mythe du chef omniscient.

Toutefois, la force du charisme et l'aura du leader se forment d'abord, à partir de la place qu'occupe sa famille dans la communauté, selon qu'elle descende de sa noblesse ou de son aristocratie. C'est pourquoi au fil des époques, chaque leader du pays a tenté de blanchir, d'anoblir sa lignée et de mettre en avant son ascendance aristocratique, afin de se placer en digne héritier des anciens princes et glorieux rois du pays.

Ensuite, grâce à ses réussites et accomplissements personnels (réussite économique, position dans la fonction publique, connaissances intellectuelles et religieuses), un individu peut développer une reconnaissance sociale lui permettant de se placer au même niveau que ceux qui sont descendants de la noblesse et de l'aristocratie. Ainsi, des hommes d'affaires, des hauts fonctionnaires et des officiers militaires ont pu accéder au leadership de leur communauté en dépit de la place au bas de la pyramide où on avait réduit leurs ancêtres. C'est pourquoi, un grand nombre d'élites du pays coure derrière des décrets pour être ministre, ambassadeur, directeur général, etc. Car ces fonctions donnent un sentiment de réussite sociale dans les communautés.

Encore que, la légitimité d'un leadership dans la société guinéenne se construit à trois niveaux :
- La famille (souvent élargie);
- La communauté (sociale, religieuse et ethnique), autour de laquelle se développe une organisation politique (parti politique, associations tribales, etc.);
- Et le charisme (ou encore l'aura), qui se construit par ses accomplissements personnels.

Le poids de l'histoire pèse assez dans la construction de l'imaginaire politique d'une société.

Adolescent, j'étais fasciné par les récits sur les grands personnages historiques de l'Afrique. Des récits et légendes qu'on nous enseignait surtout en famille, lors des soirées autour d'une lampe à pétrole et à la claire de la lune : le discours historique de Sékou Touré face au Général de Gaulle, chef de la France ; l'emblématique résistance de Samory Touré face aux envahisseurs français ; l'héroïsme de Boubacar Biro Barry, de Kissi Kaba Keita, de Zegbela Tokpa, la puissance de l'armée de Chaka Zulu ; les amazones de Béhanzin ; la légende du lion du mandingue Soundiata Keita, etc.

Les histoires de ces héros et figures de notre passé influent beaucoup sur l'imaginaire des enfants et jeunes de notre société. Ils sont pour nous, ce que sont Napoléon et Vercingétorix pour les petits Français ou George Washington pour les petits Américains ou encore Alexandre le Grand pour les Grecs ; ils sont nos modèles.

Un jour, quand j'avais treize ans, pendant une classe du collège consacrée au cours de rédaction, il nous avait été demandé d'écrire ce qu'on aimerait faire quand on serait grand. Je me souviens avoir griffonné, « je veux devenir président de la République ». Et dans la dissertation de mon texte, je me voyais comme le nouveau Sékou Touré ; je me sentais être celui qui est capable de reprendre le flambeau des personnages comme Telli Diallo, Patrice Lumumba, Kwame NKuruma, etc. Deux croyances motivaient mon rêve. Primo parce que je me sentais légitime, à cause, de ma lignée (maraboutique du côté de mon père et princière du côté de ma mère) ; et secundo, j'étais convaincu que seule la chefferie (*manguèya*) me donnait le pouvoir de régler tous les problèmes des miens. Mon imaginaire politique était ainsi le fruit de mon éducation sociale, celle-ci était agrémentée et orientée par la culture de ma communauté.

La formation du leadership est fortement influencée par la culture locale et conditionnée par son époque historique, le contexte social et le type d'organisation politique et sociale de la société.

Les leaderships politiques qui ont marqué le monde que ce soit de façon positive ou négative, Lincoln, Churchill, Hitler, Staline, De Gaule, Mao, ou encore Mandela sont des produits du contexte de leur époque et de la culture de leur société. Les plus visionnaires d'entre eux ont trouvé leurs inspirations dans les espérances et valeurs de la société. Et ceux qui par médiocrité n'ont pas su s'imposer, ont puisé dans les rancœurs et dans les peurs pour forger les idéologies les plus extrémistes.

L'antisémitisme des nazis n'est pas étranger à la culture allemande de l'époque entre-deux-guerres. Ce sont les mythes et les croyances de la société allemande de cette époque qui ont permis l'émergence du leadership d'Hitler. Aidés par un contexte lié à des forces fortes difficultés économiques qui touchaient la population, les discours extrémistes nazis avaient trouvé leur écho dans la société allemande parce qu'elle était déjà prédisposée à les entendre. En effet, le Nazisme s'est nourri d'une culture largement répandue chez le peuple germanique qui confère à la « race aryenne » la supériorité sur les autres peuples.

S'appuyant sur les révélations d'une télépathe russe, qui serait initiée au Tibet aux mystères de l'histoire de la race humaine, sur des légendes de la mythologie germanique et des élucubrations de la théorie du « darwinisme social », les nazis vont bâtir leur propre philosophie dont l'objectif principal est la promotion de la « race aryenne » et de la création d'un État raciste par la suppression des Juifs et d'autres minorités. La suite, l'histoire nous la raconte, une guerre mondiale, l'holocauste et ses millions de morts.

Le colonialisme et l'esclavagisme étaient quelque chose de tout à fait normal et acceptable dans la culture des Européens des siècles passés. Certains de leurs intellectuels sont allés jusqu'à théoriser et encourager ces pratiques dans une prétendue mission civilisatrice. De cet eurocentrisme à émerger des leaderships dont la grandeur se mesurait par leurs seules capacités à conquérir, dominer et organiser le pillage des pays du Sud.

Les Chinois et les Russes qui ont connu des grands empires considéraient l'autorité de leurs leaders comme quelque chose d'incontestable et divin. Le leadership dans ces pays est encore aujourd'hui très centralisateur et impérial.

Ayant en commun le rejet de la féodalité et ses règles inégalitaires, les immigrés anglo-saxons des colonies d'Amérique ont réussi à inventer un mode de gouvernance fondé sur l'égalité des citoyens devant la loi et la liberté pour chaque communauté de s'autogérer, le fédéralisme.

Les nations et les peuples se définissent des briques qui ont construit leur histoire, des échecs et succès de leur parcours. Ces briques sont les éléments qui composent la culture de la société : les croyances, les caractères, les mythes et les idéaux. C'est ce qu'Alexis de Tocqueville appelle, le « *point de départ de la société* » : « *Les peuples se ressentent de leur origine. Les circonstances qui ont accompagné leur naissance et servi à leur développement influent sur tout le reste de leur carrière* [1]» explique-t-il. Plus loin, il dit que notre connaissance des éléments des sociétés et l'examen

---

[1] De la démocratie en Amérique - Alexis de Tocqueville - Institut Coppet - douzième édition, revue, corrigée - page 31

des premiers édifices de leur histoire nous permettent de découvrir la cause première des *préjugés*, des *habitudes*, des *passions*, des *idéaux* dominants qui font leur caractère.

Dans cette partie, nous nous consacrons à la compréhension du caractère de la société guinéenne et les facteurs qui influent sur la formation du leadership dans le pays.

Sur ce, deux phénomènes caractérisent l'émergence du leadership en Guinée : l'instrumentalisation de l'identité sociale et ethnique et l'influence de la religion et des traditions, dont les préceptes sont détournés pour façonner les esprits à accepter le messianisme d'un leadership.

L'ETHNICISATION, FACTEUR D'ÉMERGENCE DU LEADERSHIP ET DE CONSOLIDATION DES MYTHES DU POUVOIR EN GUINÉE

Dans une culture de culte du pouvoir, la mystification des problèmes de la société est à la fois un moyen de diversion et aussi un facteur de mobilisation politique.

La Guinée à l'instar de beaucoup de nations africaines est une société morcelée en de groupes ethniques disparates d'environs une vingtaine d'ethnies. Bien qu'ayant beaucoup de similitudes culturelles et vécu ensemble depuis très longtemps, cependant la culture des uns diffère de celle des autres en certains points comme : les langues, les organisations sociales, les cultures politiques, les pratiques économiques, etc. Et dans les moments de crise et de conflits, ces groupes ethniques se comportent plutôt que des factions du même peuple, mais comme des nations distinctes et rivales pour le contrôle du pays.

Deux groupes ethniques forment près de soixante-dix pour cent de la population : les *Peuls* et les *Malinkés*. Les grands royaumes de la Guinée médiévale et ceux avant la colonisation ont été les œuvres de ces deux communautés. Ils ont été également les principaux animateurs des partis politiques et organisations de la Guinée contemporaine. Ce qui est logique au vu de leur nombre.

Cependant, les velléités hégémoniques propres à la culture de ces communautés ont entraîné une sorte de bipolarisation politique de la société ; créant donc régulièrement des points de friction entre les deux ethnies sur chaque sujet d'intérêt national.

À côté des deux groupes dominants, nous avons les *Soussous*, environ quinze à vingt pour cent de la société et aussi les groupes ethniques du Sud, appelés « *les Forestiers* »[1] ; estimés à dix pour cent de la population. À l'opposé des Peuls et des Malinkés, ces minorités ethniques étaient politiquement moins clivant ; ils étaient à l'écart des querelles du leadership du pays. Tout au moins, jusqu'à ce que des personnalités issues de leurs groupes aient réussi à accéder au pouvoir : Lansana Conté (1984), pour les *Soussous* et Moussa Dadis Camara (2008) pour les *Kpèlès* (ou les *Forestiers*). À partir de ces deux événements, les clivages politico-ethniques qui étaient polarisés autour de deux ethnies se sont répandus comme une traînée de poudre dans toute la société.

Les conflits et tensions ethniques bien qu'ils ont été toujours circonscrits à chaque fois, grâce notamment aux médiations des autorités coutumières, ont causé parfois des affrontements meurtriers et des dégâts matériels importants dans les communautés : à Nzérékoré, entre 15 et 17 juillet 2013, des affrontements entre *Konianké* et *Kpèlè* avaient fait près de deux cents morts, selon le bilan des organisations de droit de l'homme ; à Siguiri, lors de l'élection présidentielle de 2010 un affrontement interethnique opposant les ethnies des deux candidats au second tour s'est déroulé dans cette ville de la Haute Guinée (Malinké) fief d'Alpha Condé, en réponse à un prétendu « *complot d'eau empoisonné* », dont les Peuls, l'ethnie de son challenger, Cellou Dalein, sont accusés.

Comment ces conflits et tensions ethniques sont-ils alimentés ? Quelles sont leurs conséquences sur la formation du leadership et dans la construction des symboles et mythes du pouvoir?

---

[1] Habitants de la Région de la Guinée Forestière.

L'antagonisme ethnique en Guinée explose souvent dans des moments de crises pré et postélectorales.

Le *Centre international de recherche et documentation – CIRD*, attribue les causes de la problématique de l'ethnicisation des faits politiques et de la politisation des faits ethniques entre autres à la fragilité de l'État qui peine à assurer ses missions régaliennes telle que la Sécurité, la justice, le bien-être, etc. – et à l'insuffisance de l'ancrage des valeurs, normes et principe de la démocratie libérale dans la société guinéenne. Le sociologue-anthropologue Abdoulaye Wotem Somparé met aussi en cause les difficultés économiques dans la construction des rivalités ethniques autour du pouvoir : « *Dans une situation caractérisée par une rareté des ressources, l'État est le site d'une compétition vive pour les opportunités économiques formelles et informelles* » dit-il.

En effet, cette incapacité de l'État à répondre aux besoins vitaux de la population nourrit un sentiment d'inégalités, de discrimination et d'injustice chez les groupes composites. D'un côté, cela est instrumentalisé par des partis et organisations politiques pour recruter des militants. De l'autre côté, des dirigeants confrontés à toute sorte de difficultés et pour camoufler leur incompétence, cherchent à rejeter leurs incapacités à faire face aux préoccupations de la population, sur un supposé « complot » de l'ethnie de son opposition et de ses rivaux politiques. C'est le phénomène de fabrication de *boucs émissaires*. Ils espèrent ainsi, consolider leur ethnie autour de leur leadership. En conséquence, dans tous les cas, un groupe qui se sent opprimé ou discriminé est facilement prédisposé à adhérer à la vision de n'importe quelle forme de leadership qui émerge en son sein pour défendre son intérêt identitaire. De ce phénomène, il s'est produit dans la société guinéenne, la formation des *leaderships à caractère identitaire*.

Bien que l'État et les discours publics ne soient pas encore systématiquement ethnicisés, à l'image de ceux qu'on avait observé au Rwanda ou en Côte d'Ivoire avec le concept *ivoirité* ; il n'en demeure pas moins que l'ethnicisation est un marqueur de mobilisation politique très puissant en Guinée et par conséquent, elle influe directement sur la formation du leadership.

Le constat révèle qu'un leader politique en Guinée n'a pas forcément besoin d'un projet de société pour se faire une place dans l'échiquier politique[1]. Il cherche plutôt à mobiliser sa communauté ethnique ; en étant là quand il le faut, pour défendre leur cause et leurs préoccupations ; à être adoubé par ses chefs traditionnels et religieux ; à rappeler son appartenance à son aristocratie. Ainsi, le leader est perçu ou se perçoit, avant tout, comme le guide de sa communauté ethnique ; sur laquelle il repose son autorité, en persuadant les membres de celle-ci qu'ils ont l'obligation morale de le soutenir.

Il n'y a qu'à voir les résultats des dernières élections qui révèlent à chaque fois une segmentation ethnique très nette des votes ; la configuration des directions et celle des comités de base des partis politiques sont dominées par les membres de la communauté du leader. Sans oublier le peu d'intérêt des partis politiques pour des sujets d'enjeux économiques et sociaux dans les débats lors des campagnes électorales.

De surcroît, autour, des mémoires douloureuses, vécues au sein des groupes ethniques, se sont construits des imaginaires politiques identitaires qui unifient les masses dans ces ethnies : les Peuls, notamment avec la répression sous Sékou Touré, le déguerpissement de Kaporo-rails, le 28 septembre 2009 ; les Malinkés avec la répression du coup d'État de juillet 1985 ; les Kpèlè avec le renversement de Moussa Dadis Camara après l'attentat contre sa personne et de nombreux affrontements interethniques meurtriers qui ont marqué leur région. De ces traumatismes communautaires, devenus un facteur de mobilisation, ont émergé des leaderships et des mouvements politiques du seul fait qu'ils se sont placés en défenseur de leur identité ethnique.

---

[1] De rare leader ont tout de même réussi à mobiliser au-delà de leur identité ethnique notamment Sidya Touré, grâce à la notoriété de son bilan positif quand il a été premier ministre. Nous reviendrons sur son leadership plu bas. Il y a aussi Lansana Kouyaté, qui a construit son leadership sur sa stature de diplomate chevronné très connu dans le monde.

À l'inverse, dans la communauté Soussou (ou côtière), ce sentiment de victimisation est quasiment absent du fait qu'aucune mémoire douloureuse identitaire ne l'unifie. Subséquemment, c'est pour trouver un récit à la mobilisation communautaire, qu'un groupuscule identitaire en son sein cherche depuis plusieurs années à véhiculer la peur de l'envahissement des terres de la Guinée maritime par les Peuls, qui finiraient par les chasser de là aussi comme ils l'avaient fait dans l'ancien Djallonkadougou (Fouta Djallon) il y a quatre siècles. Cela sert de mobilisation politique, notamment lors des élections municipales dans certains villages et villes du littoral de la Guinée confrontés à des conflits fonciers, souvent face aux riches hommes d'affaires et éleveurs peuls. Bien que la pression foncière soit réelle en Basse Guinée et qu'il faut prendre le problème à bras-le-corps, mais ses causes se situent ailleurs ; il est absurde de relier cela à un quelconque plan politique des Peuls visant, à envahir les Soussous sur leurs terres.

Quelques faits politiques édifiants sur la construction du leadership et des mythes du pouvoir par le phénomène de l'ethnicisation :

Sékou Touré, premier président de la Guinée indépendante, s'est imposé comme leader de la lutte de libération nationale par sa prise de position sans ambiguïté contre le système inégalitaire du colonialisme et toutes les institutions qui en sont issues. Mais surtout grâce à sa méthode de discréditer ses adversaires pour leur appartenance à l'aristocratie, qui se nourrirait des altérités du colonialisme ; il a instrumentalisé le système de caste dans les communautés peules et malinkés, la féodalité de la chefferie coutumière et la bourgeoisie qui se développait dans la communauté soussou. Cette posture lui permit d'avoir l'adhésion à son parti d'une grande palette de catégories sociales des masses populaires : les jeunes, les femmes, les ouvriers et surtout les gens des castes. Une lutte de classe s'installe dans la société, et in fine les clivages politiques rattrapèrent les clivages sociaux et ethniques.

Également, les difficultés économiques et sociales apparues après l'indépendance ont engendré une baisse du pouvoir d'achat et des revenus chez les travailleurs. Alors que la majorité de la population tirait le diable par la queue, le train de vie des nouveaux dirigeants génère des frustrations et le régime était de plus en plus contesté. Des grèves et des mouvements sociaux secouent le pouvoir, notamment la grève des enseignants, connue sous le nom de « *complot des enseignants*» en 1961, la révolte des femmes d'août 1977, etc. Pour survivre, le régime pris dans une sorte de paranoïa s'était recoquillé au fil du temps autour de la famille de Sékou Touré et de son ethnie (les Malinké). Et plus les difficultés économiques et politiques s'accumulaient plus le régime devenait répressif, explorait des boucs émissaires face à chaque crise. C'est ainsi que l'un des multiples complots que le régime de Sékou Touré dénonçait est désigné comme un « *complot peul* », qui se solda par l'élimination de ses rivaux politiques, dont Boubacar Telli Diallo en 1976.

En conséquence, la répression et la stigmatisation dont les Peuls ont fait l'objet pendant cette époque ont contribué au repli identitaire de la communauté, à alimenter la théorie du « *trois contre un* »[1] d'une partie de son élite et à nourrir un imaginaire de victimisation dans les masses populaires.

Le sentiment qu'ont les Peuls, d'être exclus du pouvoir politique, est l'élément de mobilisation, le plus puissant au sein de la communauté. C'est ce qui a servi à l'émergence des leaders comme Bâ Mamadou et Siradiou Diallo dans les années 1990, puis de Cellou Dalein Diallo en 2007.

On observe aussi cette forme ethnique du leadership sous le pouvoir militaire de Lansana Conté. La transition économique vers le libéralisme, avait fait exploser le chômage et accentuer la précarité de la population. La fin de l'État de providence sur lequel se reposait le régime de parti unique de Sékou Touré comme moyen d'asservissement, a provoqué des frustrations

---

[1] Selon laquelle, les groupes ethniques des trois autres régions du pays se seraient unis contre le Fouta Djallon, c'est-à-dire contre l'idée d'un Peul à la tête du pays.

chez d'anciens dignitaires, qui sont en majorité des Malinkés. Ils vont s'associer à un projet de renversement du pouvoir militaire. Cette attitude est cyniquement exploitée par le régime de Conté comme un « *complot malinké* »[1] contre le pouvoir des Soussous. La purge qui a suivi le coup d'état manqué de Diarra Traoré en 1985 a visé essentiellement les officiers Malinkés. Lansana Conté sera perçu durant tout son règne comme le *mènguè* (leader, chef ou roi) des Soussous. Et dans les faits, son leadership est ce qui fédère encore les groupes affiliés de la communauté Soussou près de quinze ans après son décès.

La rancœur et le sentiment de discrimination, que la répression de juillet 1985 provoque chez les Malinkés à cette époque, contribueront à l'émergence du leadership d'Alpha Condé, qui s'était donné pour mission de défendre la cause de son ethnie.

Le capitaine Moussa Dadis Camara, qui a succédé à Lansana Conté en 2008, est confronté aux conséquences du marasme économique hérité de la gestion calamiteuse de la dernière décennie marquée par une corruption à ciel ouvert. L'espoir qu'il a suscité en promettant de demander des comptes à ceux qui ont géré le pays est vite déçu quand les pratiques d'enrichissement illicite sont revenues au galop ; il est soupçonné de népotisme et de vouloir confisquer le pouvoir. Les nominations de son régime à des hautes fonctions et le recrutement dans l'armée viennent majoritairement de la Guinée Forestière, sa région d'origine. En dépit qu'il soit poursuivi aujourd'hui pour des crimes horribles perpétrés par ses hommes le 28 septembre 2009, sa popularité reste intacte auprès des siens, dans la Région Forestière où l'on croit qu'il a été victime d'un complot ethnique.

Le régime d'Alpha Condé entre 2010 et 2021 disait avoir confié le poste du chef du gouvernement (Premier ministre) à la région de la Basse Guinée, aux Soussous ; la présidence de l'Assemblée nationale à la Guinée Forestière, il nommera à ce poste Kory Kondiano, dont personne ne connaissait, un nouveau

---

[1] Même si ce terme ne fut jamais employé par le régime Conté

leader était ainsi fabriqué dans la galaxie des politiciens de cette région. Il créait ensuite le poste de chef de file de l'opposition que son opposant Cellou Dalein Diallo, du Fouta occupe. Il nommera son autre opposant, Sidya Touré, de la Basse Guinée, Haut Représentant. Ainsi, il tentait de construire dans l'imaginaire populaire, un sentiment erroné d'unité nationale autour de son régime par un supposé partage du pouvoir entre les élites des groupes ethniques du pays. Alors qu'en réalité, l'essentiel des postes civils et militaires était détenu par les membres de son ethnie, les Malinkés et de son parti politique, le Rassemblement du peuple de Guinée – Rpg. L'effet pervers de cet apparent partage ethnique du pouvoir, est qu'il contribuait à l'exacerbation du leadership identitaire ; on assistait pratiquement à la formation des partis ou associations politiques autour de chaque ethnie à travers lesquels, des élites espéraient peser pour être nommés par Alpha Condé. C'est l'émiettement ethnique du leadership. La communication des partisans d'Alpha Condé assumait pleinement cette ethnicisation du régime. Quand il a été posé par exemple, la question de savoir, quel pouvoir a été confié à la région du Fouta Djallon ? Ils répondent sans sourcier « l'opposition !» ; et de poursuivre « *les Peuls sont les plus riches de ce pays. Ils ont le pouvoir économique. Leur confié le pouvoir politique serait dangereux* » arguent-ils. Des préjugés et clichés largement utilisés pour entretenir la peur et renforcer la méfiance entre les composants de la société. Ce qui fait croire à ceux qui sont du même groupe ethnique que le leader, que sans celui-ci, c'est la déchéance de leur communauté. L'ethnicisation du pouvoir explique aussi en partie l'échec de la succession au sein du Parti démocratique de Guinée – PDG après la mort de son leader, Sékou Touré en 1984. Son Premier ministre Lansana Béavogui qui devrait lui succéder, même s'il avait pu se faire investir par le parlement, n'avait pas le soutien qu'il lui fallait pour assoir son autorité. Issu d'une minorité ethnique (les *Toma*), il était pris dans la tenaille entre d'un côté la famille, les parents, la communauté ethnique et le parti de Sékou Touré, dont des membres le considéraient moins légitime pour assurer la succession du *mansa* et de l'autre côté, les forces militaires qui voulaient en finir avec le régime.

Le fait pour les différents dirigeants du pays de ne nommer à certaines fonctions publiques que leurs proches et ne faire confiance pour certaines actions qu'aux membres de leur groupe ethnique et social est un moyen de consolider les mythes du régime et de renforcer sa cohésion. De ce fait, le mythe populaire selon lequel *le chien du roi est le roi des chien*s trouve tout son sens ici. Les membres du cercle parental et ethnique du leader interfèrent directement dans la gestion des affaires publiques : ils recommandent les nominations à des postes stratégiques de l'État et influencent les décisions politiques ; l'autorité publique s'affaiblit ainsi, par leurs injonctions.

Toutefois, ce n'est pas mauvais en soi de voir dans les hautes fonctions de l'État plus de membres de l'ethnie du leader que d'autres. Le danger de l'ethnicisation du pouvoir se situe dans ses conséquences perverses. Primo, c'est la perception d'inégalités qu'elle engendre chez les autres groupes ethniques, sources des conflits susceptibles d'être instrumentalisés et de dégénérer à tout moment ; et secundo, c'est qu'elle ne permet pas l'émergence des leaderships efficaces, promoteurs des valeurs dans l'administration publique, car les critères de nomination des cadres à des fonctions de l'État ne sont pas basés sur le mérite et les compétences, mais sur des considérations identitaires, démagogiques et népotistes. Dans ces conditions, aucun régime ne pourra espérer produire des résultats positifs pour le pays.

Comment bâtir une nation dans une telle configuration de morcellement politico-ethnique de la société ? C'est là que réside tout le salut du leadership que nous espérons à la tête du pays.

Si vous voulez faire prospérer votre business quand vous êtes un chef d'entreprise, vous n'allez pas recruter la main d'œuvre à des fonctions stratégiques parce qu'elle est de votre famille ou du même village que vous, mais pour sa qualité, son professionnalisme et ses compétences ; cela peu importe d'où qu'elle vienne.

En outre, peut-on craindre en Guinée le risque d'émergence d'idées de suprématisme et de séparatisme ethnique du fait de l'ethnicisation à outrance de la politique ?

Même s'ils sont encore peu audibles, mais ces derniers temps, aidées par les réseaux sociaux et remarquées lors des crises électorales, des idées de suprématisme et de séparatisme sont de plus en plus avancées sans complexe par des groupuscules d'élites extrémistes identitaires. Elles pourront s'amplifier avec le creusement des inégalités politiques, sociales et économiques ; l'émiettement ethnique du leadership et la construction par ces groupuscules extrémistes de récits visant à forger dans les imaginaires une supposée supériorité civilisationnelle de leur groupe ou de l'exacerbation de la victimisation. Il n'est pas exclu qu'en Guinée, si le pays ne se remet pas de l'instabilité politique récurrente et du marasme économique qui accentue la misère, qu'à un moment, une élite ethnocentriste pourrait s'octroyer la mission historique d'être le seul guide légitime du pays. Ou au pire, que les inégalités puissent encourager le séparatisme politique, voire territorial dans certains groupes ethniques quand leurs sentiments de stigmatisation, de discrimination et d'injustice atteignent leurs paroxysmes.

Les Guinéens dans leurs actions ont tendance à privilégier les personnes de leurs cercles familial, social, parental et ethnique. Ce sont ces relations sociales qui font la loi, surtout quand il s'agit des choix politiques. Le sentiment d'appartenance à son groupe ethnique est plus fort qu'à celui de la nation ; comme le souligne Claude Rivière (1971), *en Guinée, chaque personne sait se classer ethniquement*. Il constate également que les membres de chaque ethnie ont une propension à valoriser leur région, leur culture et leur mode de vie dont ils sont fiers tout en critiquant et dévalorisant simultanément ceux des autres. Dans cette situation, l'objectif de construire une nation par la centralisation du pouvoir est une impasse. Il faut donc repenser le système d'organisation politique du pays.

Pour autant, en dépit de tout ce qui a été dit précédemment, la société guinéenne est loin d'être ethnocentrique dans sa globalité, puisque les préférences ethniques dans les choix politiques des uns ne signifient nullement qu'ils rejettent les autres ou qu'ils les haïssent pour leur différence. D'ailleurs, les mariages interethniques sont légion dans le pays. Même si, selon Abdoulaye Wotem Somparé, des préjugés que les imaginaires de chaque ethnie ont des autres comme « *le Peul est sournois* », « *le Soussou est fainéant* », « *le Malinké est brutal et arrogant* », « *les Forestiers sont sauvages* », «*influencent considérablement les rapports interethniques guinéens caractérisés par la rivalité, a méfiance et les conflits ouverts ou latents*».

À mon avis, l'explication logique de cette préférence du Guinéen pour son ethnie se trouve dans cette métaphore populaire dans la société, « *quand le tonnerre gronde, chacun couvre sa tête avec ses mains* ». Elle insinue nonobstant son effet vicieux, que dans une situation d'insécurité, le meilleur refuge se trouve parmi les siens, modelés ici par les mains. Pour beaucoup, l'ethnie est donc le gîte le plus rassurant dans une société profondément traumatisée par la violence d'État.

DE LA CONSTRUCTION DU MESSIANISME ET DU MYSTICISME DU LEADERSHIP EN GUINÉE

Le caractère messianique du leadership dans la société guinéenne désigne la croyance selon laquelle son avènement est la volonté de Dieu ; qu'il a été envoyé par le Ciel pour guider le peuple. Quant au mysticisme, c'est le caractère magique, illusoire et tromperie entretenue intentionnellement dans l'imaginaire collectif autour du leadership dans le but soit de le présenter comme invulnérable ou soit de renforcer le mythe de son messianisme.

Si vous avez vécu dans la société guinéenne, vous avez sûrement entendu des phrases et sentences de ce genre : « *si tu insultes le chef, aucun chef ne sortira de ta famille* » ; « *C'est Dieu qui donne le pouvoir à qui il veut.* » Ou encore « *Dieu a donné une partie de son autorité à celui qui dirige une nation* ». Le message derrière ces propos, qu'on entend régulièrement dans les mosquées et autres rassemblements religieux, c'est la volonté de sanctuariser les régimes par les préceptes religieux et la sacralisation de l'autorité d'un dirigeant, pour dit-on, éviter l'anarchie. Par conséquent, la contestation de l'autorité du leader de l'État est perçue par les milieux religieux en Guinée, comme un acte de rébellion contre la volonté de Dieu.

Nous nous consacrons donc dans les paragraphes qui suivent, à comprendre pourquoi la société guinéenne est-elle si prédisposée à accepter « l'absolutisme » d'un leadership ? Pourquoi le messianisme et le mysticisme autour du leadership en Guinée ? Comment la religion et les traditions sont un facteur d'entretien de ces mythes ?

Avec plus de quatre-vingt-cinq pour cent de musulmans, la Guinée est un pays où la religion, l'islam en particulier influe immensément sur la vie de la population, y compris la gestion des affaires politiques.

L'islam est en effet ce que les Guinéens ont le plus en commun. Il est sunnite avec une forte dominance du *soufisme*[1] et

---

[1] Conception mystique et ésotérique de l'islam.

de ses branches *tijanisme* et *malékite*[1]. Mais avant l'arrivée de l'islam, l'animisme était la principale religion des populations. C'est entre le seizième et le dix-huitième siècle que l'islamisation des populations s'est accélérée, avec l'arrivée des Peuls et des Malinkés islamisés dirigées par de puissants marabouts. Ils ont érigé sur le territoire de l'actuelle Guinée les premiers États et royaumes sur les principes de l'islam. Cette époque correspond au déclin des grands royaumes traditionnels qui avaient dominé la sous-région, suivie d'une période de troubles et de violences. L'islam est venu bousculer le vieil ordre social et proposé un nouveau pacte socio-politique qui prône la stabilité, la sécurité et la justice sociale pour tous.[2]

Dans la Guinée moderne, la relation entre les leaders religieux et traditionnels et les pouvoirs politiques du pays a connu plusieurs phases :

La première remonte à la période de la lutte de l'indépendance, les marabouts ont servi comme de puissants relais et appuis à la mobilisation en faveur de la cause des nationalistes, car ils étaient quasiment les seules institutions de la société ayant conservé leur indépendance en face de de l'État colonialiste, contre lequel ils avaient une haine viscérale. Cette relation s'est ensuite dégradée vers une rivalité entre les deux autorités après l'indépendance ; c'est la seconde phase, marquée par la « *crise religieuse* » de 1959. Quand l'*Union culturelle musulmane* – *UCM* et des chefs religieux contestent certaines décisions du nouveau régime, notamment le service militaire des filles et l'exécution publique des condamnés pour vol, Sékou Touré répond par l'intransigeance. Empêtré dans les difficultés économiques et politiques, et bien que conscient de la menace que représentait un conflit ouvert avec les religieux, le régime de Sékou Touré avait choisi l'épreuve de force pour faire entrer les religieux dans les rangs ; plusieurs marabouts[3] sont arrêtés et

---

[1] Une des quatre écoles de jurisprudence de l'islam sunnite.

[2] L'islam en Guinée : Fouta Djallon, Paul Marty, 1921, Collection Revue du Monde, pages 4-10

[3] Dans ce livre, nous appelons marabout, leader moral et spirituel musulman qu'il soit imam, érudit ou prédicateur qui utilise l'islam comme source de son autorité. Il ne s'agit pas ici du sens et rôle négatifs que le contexte actuel attribue à cette appellation.

conduits en prison, dont Fodé Lamine Kaba[1], Grand imam de Coronthie, quartier populaire de Kaloum. C'est à la suite de cette crise, que les chefs religieux musulmans qui bénéficiaient d'une relative liberté d'action sont placés sous le contrôle total de l'État ; une nouvelle phase dans la relation s'installe, caractérisée par une pleine coopération libre ou contrainte des autorités religieuses avec les différents régimes.

À la différence de ce qu'on a connu en Europe avant le dix-huitième siècle, quand l'Église avait la main mise sur les États, en Guinée, c'est plutôt l'État qui contrôle l'islam et les chefs religieux. À travers un *secrétariat aux affaires religieuses* (ancienne Ligue islamique), il finance les mosquées, nomme et entretient les imams des grandes mosquées du pays ; il dispose de ce fait un droit de regard dans le contenu des sermons prononcés lors des grandes prières. En conséquence, au vu de la forte influence de ces derniers dans la société, les dirigeants les utilisent comme instrument de persuasion pour se légitimer et comme moyen de coercition contre les révoltes populaires.

Le christianisme avec environ dix pour cent de pratiquants dans la population est dominé par les catholiques ; il est très présent à Conakry et dans l'extrême sud du pays. En dépit, du fait que les fidèles soient minoritaires, les prêtres et pasteurs sont très respectés et vénérés pour leur bonne moralité dans toutes les communautés et demeurent aussi très politisés.

De plus, malgré la forte islamisation du pays, les pratiques et croyances traditionnelles ont gardé leur influence dans la population. Les prêtres animistes sont encore des guides dans beaucoup de communautés en Guinée forestière (Sud), en Haute Guinée (les simbos) et sur le littoral chez les Bagas, les Mandenyis, Nalous et Bassaris.

Le Guinéen croit à la force du *cauris* et du génie des bois sacrés. Il les consulte régulièrement à chaque prémonition. Nous avons vu par exemple en début 2021, lors des derniers mois du règne d'Alpha Condé, un communiqué du Secrétariat en charge

---

[1] « Une crise religieuse » Mémoire Collective, une histoire plurielle des violences politiques en Guinée – pages 133 – 136.

des affaires religieuses appelant les Guinéens à faire des offrandes traditionnelles, qu'on appelle « *fangadama* », pour conjurer le sort d'une catastrophe qui guetterait le pays. Une pratique propre aux croyances animistes, mais adaptées à l'islam mystique, le soufisme, où la consultation du sort est permise.

Les rituels de sacrifices comme égorger de gros bœufs sur les grands ronds-points pendant les périodes de troubles sont entre autres des rituels souvent utilisés pour « exorciser le pays du mal», dit-on.

Qu'ils soient imams, pasteurs ou prêtres des religions animistes, les leaders religieux exercent une influence considérable sur la formation du leadership politique en Guinée avec une grande part aux chefs religieux musulmans. Chaque leader a son marabout ou conseillé mystique aux prédictions duquel il se fie plus que les prévisions et analyses des experts et grands cabinets de conseil.

En guise d'illustration, l'on croit dans la société qu'un chef qui construit une prison finira sa vie en prison. Cette augure viendrait d'un marabout qui aurait mis en garde Mamadou Boiro, ancien haut cadre de l'État, architecte du fameux « Camp Boiro », ancien camp de concentration des prisonniers politiques, qui porte son nom et où il a malheureusement fini comme beaucoup de gens des élites du pays. Est-ce que c'est ce présage qui avait motivé l'abandon du projet de prison moderne à Dubréka, qu'Alpha Condé avait initié en 2014 ? Officiellement, c'est un problème de financement. Quoique, depuis le Camp Boiro, aucun chef d'État, aucun ministre de la Justice en soixante-cinq ans n'a plus construit aucune nouvelle prison en dépit de l'état piteux dans lequel se trouvent les maisons d'arrêt du pays.

Une autre superstition nous vient de Labé, la région du centre-nord du pays, capitale du Fouta Djallon. Il se trouve dans la zone, une route qui selon la légende ne doit pas être empruntée par celui qui a l'autorité (*landhô*) ou qui a l'ambition d'en devenir. Lors d'une mission que j'ai effectuée dans la région, un natif de la localité, pourtant très instruit avait déconseillé notre délégation constituée de jeunes leaders politiques en devenir, de prendre ce chemin pour rallier la ville de Tougué. Il se raconte que c'est ce chemin qu'avait pris l'Almamy Boubacar Biro, dernier roi du Fouta avant d'être arrêté et décapité par ses ennemis. On dit aussi que c'est à Labé que Moussa Dadis Camara a perdu le pouvoir après avoir traversée cette route mystique à pied alors que cela lui avait été déconseillé ; il recevra une balle dans la tête deux mois plus tard, conséquence des événements du 28 septembre qui ont lieu au lendemain de son retour du voyage de Labé.

Le cas le plus emblématique de la prédisposition de la société guinéenne aux présages superstitieux autour du pouvoir, est ce qu'on a observé en mai 2023 lorsqu'un jeune féticheur surnommé Mofa Sory sème la panique chez la junte au pouvoir en faisant une prédiction sur les réseaux sociaux, selon laquelle « Mamadi Doumbouya chutera dans un mois » disait-il. En réponse, les réseaux sociaux sont restreints, le féticheur traqué et sa famille arrêtée. On l'accuse de tentative contre la sûreté de l'État.

Suivant les résultats d'une récente enquête d'Afrobaromètre, un réseau panafricain des données sur l'Afrique, les Guinéens (huit sur dix) font plus confiance à leurs chefs religieux et leurs chefs traditionnels qu'à n'importe quelle autre autorité. Cela s'explique par le fait que les imams, les chefs religieux sont présents à chaque étape de la vie des gens. Ce sont eux qui officient les baptêmes, les mariages, les obsèques et chaque cérémonie sociale. Ils assurent là où l'État est souvent absent ; ils sont les médiateurs en cas de conflits entre groupes sociaux, entre familles, entre membres d'une communauté, et même entre les époux. Ils sont considérés comme des porte-parole de Dieu et des traditions auxquelles les Guinéens croient fortement. Cette présence fait d'eux des acteurs fondamentaux de la société dans tous les domaines : spirituel, social, politique, et même économique. Cette influence est utilisée parfois pour faire passer des messages politiques dans la société. Chaque leader politique á la conquête du pouvoir cherche à se faire adouber par les chefs religieux et traditionnels. Cela a conduit par exemple à la création des comités en charge des imams dans les partis politiques.

La conversion à l'islam de l'ex-Première dame, métisse et née chrétienne, André Touré avait sans doute aidé son mari Sékou Touré à obtenir le soutien des marabouts de Kankan, l'un des centres névralgiques de l'islam en Guinée. Le mariage de Lansana Conté avec une seconde femme musulmane Kadiatou Seth était aussi motivé par ce souci d'avoir le soutien de l'organisation de la Ligue islamique, alors que la Première dame Henriette était chrétienne et n'avait jamais voulu se convertir à la religion de son mari. Que dire du mariage à la veille de la présidentielle de 2010 du candidat Alpha Condé avec Djènè Kaba, une femme de l'aristocratie politico-religieuse de Kankan ? Un mariage qui n'était apparemment pas motivé par les sentiments entre les deux époux, mais par la realpolitik. Toutefois, ce genre d'union est couramment utilisé pour légitimer le leadership dans la société.

Au second tour de l'élection présidentielle de 2010 qui opposait Alpha Condé et Cellou Dalein Diallo, Sidya Touré avait appris à ses dépens l'influence de ces chefs religieux et traditionnels. En effet, dans les tractations pour former les alliances, la Coordination et les imams de la Basse Guinée avaient signé un accord avec le candidat Alpha Condé ; ils demandèrent à Sidya Touré de rejoindre cette alliance ethnique. Ce que ce dernier à rejeter par principe, car il avait fait campagne sur la transversalité régionale et ethnique de son parti. Quand il apporte son soutien à l'autre candidat, Cellou Dalein Diallo, il fut accusé d'avoir nargué les sages de sa région. Ce qui a été instrumentalisé dans l'imaginaire collectif de la société comme l'acte d'un individu « hautain » et « orgueilleux».

Le danger dans les prises de position des chefs religieux réside dans leur vision dogmatique sur certains sujets d'ordre social et politique (tels que l'excision, le mariage précoce, l'avortement, le droit de se révolter contre une autorité illégitime, etc.), limitant la capacité et la liberté de leurs adeptes à trouver et développer leur propre opinion politique.

Le culte du mysticisme est une caractéristique du leadership dans la société guinéenne ; la tendance consiste à élever le chef au-dessus de l'ordinaire. Tous les grands leaders ont autour de leur personnalité des faits mystiques qui révéleraient leur extraordinaireté hors du commun : la légende selon laquelle Soundiata avait arraché un baobab de ses deux mains pour faire honneur à sa mère ou le récit qui raconte que Karamoko Alfa Ibrahima Sambegou avait observé sept ans, sept mois, sept semaines et sept jours de jeûne avant de se lancer dans son projet de Jihad au Fouta Djallon ou encore le fait qu'Oumar Tall n'était pas mort, mais disparu mystérieusement dans la falaise de Bandiangara, s'inscrivent dans ce culte du mysticisme et de l'héroïsme. Sékou Touré et Lansana avaient régné tellement longtemps et survécus à tant de tentatives d'attentat et de coup d'État qu'on les prêterait d'avoir des pouvoirs surnaturels qui les permettraient de disparaître quand ils sont en danger et de réapparaître après. Cela peut paraître ridicule pour ceux qui ignorent la culture locale des peuples. Chaque peuple à ses croyances et ses mythologies. Les Islandais, ne croient-ils pas aux elfes ? Les Anglais à la légende du roi Arthur et la dame du lac ?

En résumé, quelles que soient les époques et les contextes, il ressort de ce qui précède que les chefs religieux et traditionnels sont au centre de l'émergence du leadership en Guinée. Leur forte présence dans les affaires privées et publiques des communautés a créé une attitude fataliste chez les Guinéens face à l'autorité ; « c'est Dieu qui donne et qui retire le pouvoir ». Leur soutien aux différents régimes a consacré un caractère messianique et absolutiste du leadership. Ils persuadent la société que c'est Dieu qui a donné l'autorité au chef d'État de diriger et de prendre des décisions pour « guider le peuple » , et que toute opposition au pouvoir de celui-ci est une hérésie. Dans les croyances coutumières des communautés, il s'est développé une croyance au caractère mystique du leadership ; selon laquelle le pouvoir est sacré et le leader sera toujours protégé par les esprits tant qu'il respecte les us et coutumes.

LES ÉPOQUES HISTORIQUES ET LEUR INFLUENCE SUR LA FORME DU LEADERSHIP

Les circonstances des grands bouleversements qui ont marqué l'histoire du pays ont fait émerger dans la société un type d'organisation politique très verticale à sa tête un dirigeant avec un leadership fort et incontesté. Selon les époques et le type d'organisation, il y a deux formes de leadership en Guinée :

Il y a ceux du leadership féodal dont la légitimité se fonde sur les règles et pratiques coutumières qui consacrent que seules certaines familles et clans sont dépositaires de l'autorité, de la mission divine de conduire la société ; celle-ci leur doit obéissance et vénération. C'est le type de leadership qui domine la période médiévale et l'époque précoloniale. Même si, les organisations traditionnelles et religieuses gardent encore de nos jours ce type de leadership. En dépit, du fait qu'aucune loi nationale ne lui ait été consacrée pour le moment, la transmission de l'autorité, dans les milieux religieux et coutumiers reste héréditaire et strictement conservatrice. Et il y a ceux du leadership autocratique-électoraliste, incarné par les dirigeants successifs de la Guinée contemporaine, tous des autocrates bien qu'à des degrés différents. Dans ces régimes, l'autorité est exercée par un groupe d'intérêt qu'il soit corporatif (l'armée) ou politico-identitaire (partis politiques ethniques), à la tête, un leader incontesté. L'État est dans une apparente République, mais dans laquelle les institutions sont sous contrôle du groupe dirigeant, et, des simulacres d'élections sont tenus quelquefois ; pour se donner un semblant de légitimité.

Entre les deux époques, il y a eu la période coloniale dans laquelle un leadership nationaliste avait émergé. Plus démocratique et plus légitime, c'est ce leadership qui a dirigé le mouvement de libération nationale jusqu'au vote historique du 28 septembre 1958. Mais il perdra ensuite son caractère démocratique et sa popularité va s'éroder au fur à mesure que les difficultés économiques et sociales s'accumulaient et au gré des événements politiques pour devenir de façon croissante, une dictature impitoyable.

La société guinéenne d'aujourd'hui est prise dans l'étau d'une double dualité de leadership : d'une part une République laïque dotée de tous les textes d'un État démocratique et d'autre part, une culture de pratique du pouvoir autocratique à la limite du féodalisme. En conséquence, on assiste à la superposition de deux autorités : d'un côté, un État centralisateur détenu par une élite dirigeante, illégitime et de l'autre côté, une multitude d'autorités coutumières (ou traditionnelles) plus influentes et plus écoutées dans la société.

Le leadership féodal (Époques médiévale et précoloniale)

Terres fertiles, climat humide, pluie abondante, sources des grands fleuves et arrosé par des dizaines de cours d'eau, le terroir guinéen était une sorte de terre promise et d'asile pour les populations ouest-africaines. Le pays qu'occupe la Guinée actuelle est l'une de ces terres se trouvant à l'épicentre des grands empires et royaumes médiévaux de l'Afrique de l'Ouest.

Entre le cinquième et le seizième siècle, les Empires du *Ghana*, du *Sosso* et du *Mali* et le royaume peul de *Koli Ténguéla* ont occupé des portions du pays. À partir du dix-huitième siècle, des cendres de ces grands empires tombés en déclin, sont nés de nouveaux royaumes et empires d'un tout autre ordre comme : l'Empire du *Wassolon* de Samory Touré, le royaume théocratique du *Fouta Djallon* et une multitude de puissantes chefferies le long des côtes de la *Basse Guinée*.

Ces empires et royaumes sont les faits de puissants leaders, dont l'aura et le charisme ont traversé les époques : *Soundjata Keita* (Mandingue) a bâti sa capitale à *Niani* au nord-est; *Soumangourou Kanté* (Sosso) régnait sur un territoire englobant tout le nord-est du pays, *Oumar Tall* avait sa capitale à *Dinguiraye* au centre, *Samory Touré* avait conquis le nord-est et le sud en *Guinée forestière; Koli Ténguéla* avait sa capitale dans l'actuelle préfecture de *Télimélé; Karamoko Alfa* et ses compagnons conçurent un État théocratique dans le massif montagneux de la *Moyenne Guinée* ; … .

Le contexte de troubles et de razzias lié, notamment à la traite négrière arabe puis transatlantique, avait instauré un sentiment de méfiance entre les groupes sociaux et ethniques. Les esclavagistes traquaient tous les bras-valides sans distinction, quelle que soit la classe sociale. De ce fait, les royaumes ont poussé autour des différentes identités culturelles, ethniques et religieuses dans le but de se défendre contre cette insécurité et aussi de constituer une communauté de destin :

- Le royaume de Koli Ténguéla est né autour des Peuls nomades pour leur assurer une protection et un accès au pâturage lors de leurs transhumances ;
- La destruction de l'Empire *Sosso* par son vassal du *Mandingue* à la bataille de *Kirina* conduit à la naissance de l'Empire du *Mali* pour la défense et protection des Malinkés contre l'esclavagisme ;
- Les Peuls islamisés du Fouta Djallon se sont constitués pour se défendre et faire le djihad. Pour cela, ils ont défait les chefferies *Djalonkés* et converti de force les Peuls animistes pour créer un *État théocratique* fondé sur les principes de l'islam et les traditions peules ;
- Les rescapés de l'Empire *Sosso*, puis plus tard les rois déchus de *Djalonkadougou* ayant refusé d'être soumis, ont migré vers les côtes en *Basse Guinée*, où ils ont à leur tour soumis les chefferies locales.

Bien que la société, dans ces royaumes fut multiethnique, le pouvoir politique était quasiment détenu par le groupe social et/ou ethnique conquérant.

Les règles de succession au pouvoir n'étant pas définies clairement ou encore le refus de respecter ces règles si elles existent sont aussi des pratiques à la source des conflits sanglants dans les sociétés de cette époque. C'est par exemple le cas de la guerre fratricide pour le contrôle du pouvoir entre *Alphaya* et *Sorya*, les familles régnantes du Royaume du Fouta Djallon. Cela a conçu dans certaines communautés un sentiment de se couvrir par un leadership fort.

L'émergence d'un leadership à cette époque était favorisée par deux facteurs :

D'une part, les royaumes et les États se formaient autour des identités culturelles et ethniques et l'objectif était, avant tout, de constituer une communauté de défense et de survie ; il fallait dans ce cas, contrôler plus de ressources (or, commerce des esclaves, pâturages et terres arables) considérées existentielles à l'époque. Et qui dit contrôle des ressources dit conquête. D'où le besoin d'un leadership guerrier.

Et d'autre part, il était indispensable de contenir les conflits récurrents à l'interne, qui sapaient la cohésion sociale, par une autorité forte et totalitaire capable de faire régner l'ordre.

Ainsi, le leader devrait être non seulement respecté et vénéré pour ses talents de chef de guerre en vue de dissuader les ennemis externes et de conquérir des ressources pour son peuple, mais aussi, craint par son autorité, qui lui permettrait de maintenir la cohésion sociale et l'ordre public à l'interne.

Le leader était aux yeux de la société le dépositaire de la mission de la guider et de la protéger. Sa légitimité reposait sur son charisme personnel et sur les préceptes des coutumes ancestrales. Ce qui requiert, qu'il faut être investi par un conseil des anciens ; une sorte d'Assemblée, formée des chefs des clans de l'aristocratie. Le pouvoir de cette assemblée variait selon la culture des communautés. Pour ce faire, le leader doit posséder certaines qualités et atouts, qui constituaient les leviers de toute autorité politique de cette époque, à savoir : la capacité militaire (l'armée), le soutien spirituel (la religion et les traditions) et la possession des biens (le trésor) :

La force militaire d'un leadership comprend ses compétences de chef de guerre. Elle provient de son caractère intrinsèque et de son charisme à mener les troupes au combat. Cette qualité lui permet de résister et de vaincre les ennemis et ainsi assurer la stabilité de son pouvoir. Cela lui permet d'avoir la confiance de la communauté qu'il a la capacité de la défendre et de la protéger des menaces extérieures et aussi d'assurer l'ordre entre les groupes sociaux à l'intérieur.

Cette quête de sécurité dans la société était importante qu'il arrivait, à cette époque, que des groupes sociaux se soumettent volontairement aux chefs guerriers d'un autre groupe social étranger à leur culture afin de bénéficier de leur protection face aux razzias et pillages : c'est le cas des communautés autochtones Bagas et Mandenyis en Basse Guinée qui ont accueilli et accepté l'autorité des leaders des allogènes Djalonkés et Soninkés venus du Fouta Djallon et de la Haute Guinée. Par exemple, Soumba Toumani avait été fait roi des Bagas de Dubréka pour ses qualités de chef de guerre ; c'est aussi le cas de Manga Kindi devenu roi de Kaniya (Kindia) alors qu'il n'était pas de cette contrée, de Kalimacina élevé au rang du Galymènguè (chef militaire) de Soumbouyah (Coyah), des Maninka-mory dirigés par Fodé Katibi Touré avaient pactisé avec les Mandenyis pour fonder le royaume de Moriah (Forécariah). C'est cette quête de protection qui a également conduit de nombreux roitelets à signer des traités de protectorats avec les puissances coloniales en vue d'échapper à la tyrannie des groupes hégémoniques.

La force spirituelle est la maîtrise par le leader des connaissances religieuses et traditionnelles ou la domination de ceux qui détiennent ce pouvoir : les prêtres de la tradition ancestrale dans les communautés animistes et les marabouts chez les musulmans. Même si dans beaucoup de cours royales les deux croyances ont toujours coexisté. Nous avons largement expliqué plus haut la forte influence de la religion dans la société guinéenne. Ces guides spirituels sont présents à chaque instant de la vie des communautés ; leur coopération avec un pouvoir politique lui permet de s'assurer une stabilité durable.

Enfin, la possession des biens ou du trésor ; c'est l'équivalent des finances de nos jours dans une campagne électorale, un facteur important dans la conception du leadership dans la société guinéenne. La fortune se mesurait à l'époque selon le nombre de bétails, la quantité d'or, les terres et le nombre d'esclaves en sa possession. Plus un individu les possédait plus il avait la chance de conquérir le pouvoir en s'achetant une armée.

Et si un leader réussissait à accéder au pouvoir sans assez de trésors, il s'attelait sitôt à faire une main basse sur les sources du trésor (les mines d'or notamment) et de chercher à contrôler le commerce des esclaves et d'autre biens. Au Mandingue par exemple, tous les rois successifs ont cherché à contrôler les mines d'or, notamment ceux de Bouré, car l'or faisait office de monnaie dans l'Empire ; on se rappelle le Roi Kankou Moussa, considéré par le magazine Forbes comme l'homme le plus riche de tous les temps grâce à la quantité d'or qu'il possédait.

Il est à noter que le fonctionnement social et politique de la société obéissait à un système féodal ; au sommet de la pyramide, se trouvait le roi (almamy, landho, mansa ou encore mènguè selon les tributs) suivi par l'aristocratie constituée de la noblesse, les chefs de guerre et les chefs religieux (marabouts) qui contrôlent la politique et l'économie. En dessous de l'aristocratie, on a la population et les castes (griots, forgerons, tisserands, paysans, chasseurs, …) et tout en bas se trouvaient les esclaves.

La notion de peuple, comme dans tout système féodal, était inexistante. En revanche, les fonctions de chaque classe sociale étaient bien prédéfinies ; elles étaient exercées par des familles et clans spécifiques et codifiées dans des pactes et règles coutumiers. Par exemple, la Charte de Kourou-kan-fouka qui faisait office de constitution dans l'Empire du Mali donnait le rôle de mandé mansa (chef du mandingue) à Soundiata Keita et à son clan ; il a confié à cinq familles, dont les Touré, les Cissé, ... La fonction de guide spirituel ou de marabout (manden-mori) ; les Kamissokos, les Kouyatés et leurs alliés assuraient la fonction de djély du Manding (ou griot). Dans le Fouta théocratique, le pouvoir central était reparti entre deux familles et les autres clans de l'aristocratie avaient la charge de gérer les provinces ; les groupes non islamisés étaient réduits en esclaves.

Ce mode de répartition du pouvoir entre clans et familles existait dans presque toutes les communautés de la société de cette époque et on espérait ainsi construire une stabilité sociale et politique. À nuancer tout de même que le type d'organisation pyramidale était moins rigide dans certaines communautés, notamment dans les chefferies le long du littoral (les Bagas, les Mandenyis, les Djalonkés/Soussous, …) où la société n'était pas stratifiée en castes et également en Guinée Forestière, où les communautés tenaient à leur autonomie de gestion.

Comme je l'avais souligné plus haut, le leadership est encore féodal et aristocratique de nos jours dans beaucoup de communautés du pays. Il y a des villages et cités où les fonctions de l'autorité locale : chef de village, de district, maire, imam, … ne peuvent être exercées que par les descendants de la lignée de certaines familles spécifiques, pour leur appartenance à l'aristocratie. Si par un exemple, un descendant d'une classe de caste se portait candidat à une élection dans une localité, il est systématiquement stigmatisé voire empêché de diriger s'il parvenait à gagner. Alors, les époques ayant changé, cela créait parfois des tensions et conflits entre les groupes sociaux dans certaines communautés, qui sont prises entre le marteau des lois de la République qui prohibent toutes discriminations sociales et l'enclume des traditions ancrée dans le conservatisme.

- *Le leadership de Soundiata Keita et son influence sur la culture politique des Malinkés :*

Soundiata Keita, l'un des plus grands rois d'Afrique, est né vers 1190. Prince du *Manden*, mais il devait combattre pour libérer son peuple du joug de la traite négrière arabe et de la domination du puissant Empire Sosso dirigé alors par le soninké *Soumangourou Kanté* dont personne n'osait défier l'autorité.

La légende mandingue rattache Soundiata à une généalogie qui le lierait à *Bilal*, qui fut l'un des premiers à adhérer à l'islam, l'un des plus célèbres compagnons du prophète *Mahomet*[1]. Cette généalogie à la fois princière et religieuse lui confère une légitimité politique et spirituelle incontestée dans l'imaginaire collectif des Malinkés ; une société très islamisée de nos jours, alors que Soundiata Keita n'était pas lui-même un fervent musulman. Il n'a même pas été un musulman selon des historiens. Toutefois, il s'était fait entourer de puissants

---

[1] Généalogie des Kéita dans Soundiata ou l'épopée mandingue, Dibril Tamsir Niane, 1960

marabouts et la tolérance religieuse était de principe dans l'empire qu'il fonda.

Soundiata était aussi le leader d'une armée de guerriers redoutables, la confrérie des chasseurs (les *Donsos*), une société secrète traditionnelle animiste considérée comme dépositaire de l'identité authentique du *Manden*[1]. Cette dichotomie spirituelle entre les croyances traditionnelles et l'islam a fait du leadership de Soundiata le trait d'union de tous les groupes sociaux à l'intérieur de la communauté des Malinkés.

Après sa victoire à la bataille de Kirina en 1235[2] contre Soumangourou Kanté, Soundiata Kéita établi sa capitale au nord-est de la Guinée à *Niani*, non loin des mines d'or de *Bouré*, ce qui lui permit d'avoir le contrôle sur ce trésor millénaire. Puis, il convoqua une grande assemblée qui réunit tous les clans du mandingue afin de décider ensemble des bases de la nouvelle société qu'il veut bâtir. Les décisions qui en sortent sont consignées dans une charte connue sous le nom de *charte de Kourou-kan-fouka* ou *charte du Manden,* considérée comme la loi fondamentale de l'Empire du Mali. Transmise oralement de génération en génération depuis plus de mille ans, ses règles constituent encore de nos jours la référence dans l'organisation sociopolitique et culturelle des Malinkés.

Pour faire passer ses idées, Soundiata avait chargé des familles de griot, de propager sa charte dans tout l'Empire. Ceci est à la base de sa légende. Les griots constituent dans la tradition malinké ce que les médias représentent dans notre société moderne. Ils créent les narratifs autour des faits et autour des individus. Souvent teintés de légendes et de mythes, leurs paroles et chants sur le leader se répandent dans la société et s'installent dans l'imaginaire collectif comme une vérité absolue. Ce qui renforce le mythe du leader et son leadership.

Fervent anti-esclavagiste, la politique de Soundiata se heurte à la résistance de nombreux dignitaires Malinkés, qui

---

[1] La charte du Manden, Tome 1 : du serment des chasseurs à l'abolition de l'esclavage, Youssouf Tata Cissé, éditions Triangle Dankoun, 2015

[2] 1222 ou 1223 selon l'historien malien Youssouf Tata Cissé.

n'entendent pas ravaler leur fierté et renoncé à leurs possessions d'esclaves. Intransigeant dans son autorité, il s'employa à soumettre et à sévir contre tous ceux qui contestaient sa politique : « *Malheur à ceux qui n'obtempèrent pas, ou ne libéreront pas leurs esclaves ! À défaut de les amener, vivants* [à moi], *apportez-nous leurs têtes* »[1] ordonna-t-il à ses troupes. Le *Mansa* doit être craint ; pour cela, il ne lésine pas sur la terreur quand il le faut. Il faut tout de même admettre que l'acte de Soundiata Kéita était une révolution à cette époque tant l'esclavage avait détruit les communautés ; il a permis d'établir un système politique stable, paisible et puissant fondé sur le respect strict de l'ordre établi (les traditions) et des pactes qui prônent l'entente entre les différents groupes sociaux composant la communauté malinké.

L'Empire du Mali survivra de Soundiata Keita (mort en 1255) et dominera une bonne partie de l'Afrique de l'Ouest pendant près de cinq siècles. Figure de proue de l'émancipation culturelle et politique des Malinkés, le leadership de Soundiata caractérisé par la rigidité et l'intransigeance, a laissé son empreinte dans l'histoire comme un modèle pour toutes les générations. Son œuvre marque l'assise des principaux traits caractéristiques de l'identité culturelle des Malinkés dans toute l'Afrique de l'Ouest à savoir : le partage d'une langue commune (*le malinké*) ; une organisation sociale pyramidale, patriarcale et très clanique (*bonsö*) ; une vision messianique et absolutiste de l'autorité (*mansaya et famaya*), une dichotomie spirituelle entre les pratiques ancestrales (*donsoya*) et l'islam (*slamaya*) et une culture basée sur l'oralité (*djeliya*).

---

[1] La charte du manden, Tome 1 – Youssouf Tata Cissé – Edition Triangle Dankoun – Page 69.

- ***Le leadership de Karamoko Alfa Ibrahima Sambegou Barry, modèle de guide spirituel et politique dans la communauté Peule de Guinée :***

Le Royaume peul du Fouta Théocratique fondé au dix-huitième siècle est le fruit d'une vague révolution islamique menée par des marabouts peuls dans toute la sous-région ouest-africaine : de *Bhoundou* au Nigeria, jusqu'à *Macina* et *Fouta Toro* au Sahel. À l'instar des Malinkés, les leaders Peuls de ces pays étaient motivés par une volonté de mettre fin à la tyrannie des esclavagistes que leurs communautés subissaient.

Sous le leadership d'Alfa Ibrahima Sambegou Barry, dit Karamoko Alfa de Timbo, un groupe d'érudits et marabouts peuls du Fouta Djallon avec pour double objectif de rependre l'islam par le jihad, et d'unir les peuls musulmans pour qu'ils puissent mieux se défendre, dans un contexte d'instabilité, créé un nouveau royaume dans le centre de la Guinée. Le chaos né par suite de la dislocation des grands empires médiévaux et les chasses à l'homme liées à l'esclavage toujours présentes avait instauré un climat de guerres et de tensions perpétuelles entre les groupes sociaux dans toute la sous-région. C'est ainsi, qu'en 1725, Karamoko Alfa Ibrahima après avoir réussi à fédérer les clans peuls du Fouta Djallon, comprit que la seule manière de se protéger est de fonder leur propre État organisé selon les préceptes de l'islam et des traditions peules. L'armée que ces clans levèrent écrase à la *bataille de Talansan* (1730) les chefs djalonkés comme *Manga Labé*, *Manga Dombi*, *Manga Sanga*, premiers occupants de la région. Ces deniers fuirent vers le littoral et ceux qui sont restés devraient se convertir à l'islam sinon ils sont réduits à l'esclavage.

Bien que le royaume fût multiethnique et un refuge pour tous les musulmans de la région, les pouvoirs politique, religieux et militaire étaient dirigés par une aristocratie peule. Tout comme Soundiata Kéita, Karamoko Alfa de Timbo s'était aussi appuyé sur une assemblée des anciens (*karamokobès*[1]) pour établir les

---

[1]Érudits en connaissance islamiques. Titre emprunté aux Malinkés islamisés. Ces derniers ont quelquefois prêté main forte aux Peuls dans leur djihad au Fouta.

règles de gestion du nouveau royaume. Elle est constituée des chefs des clans et familles qui ont pris part à la guerre sainte. Le royaume est placé sous l'autorité d'un chef suprême (*Almamy*[1]), plus tard un partage par alternance du pouvoir central est introduit entre deux clans, *Alphaya* (celui d'Alpha Ibrahima de Sambegou) et *Soriya* (celui de son compagnon Sory Maoudhö Barry) ; la ville de Timbo est désignée capitale politique ; le royaume fut organisé en neuf provinces (*diwés*) chacune mise sous l'autorité de la famille l'ayant conquis. Ainsi, une aristocratie était née dans la société peule de Guinée.

La légende raconte que Karamoko Alpha Ibrahima a reçu ses premiers enseignements coraniques à sept ans et réussit à traduire le coran en *pular* (langue peule) dès l'adolescent. Il est considéré comme un savant, un saint, un homme d'État et un génie militaire qui a consacré sa vie à l'organisation de son peuple, à la diffusion et l'enseignement de l'islam dans la société peule de Guinée[2]. Ses valeurs de témérité et son sens de dépassement de soi ont fait de lui un modèle pour toutes les générations. Le système d'organisation qu'il a érigé dans la société peule du Fouta Djallon, notamment l'éducation précoce des jeunes dans les *madrasas* (écoles coraniques) reste encore aujourd'hui une institution dans les communautés.

La double dimension du leadership de Karamoko Alfa Ibrahima Sambegou Barry apparaît comme une référence à suivre pour tous les leaderships qui émergent au Fouta Diallo, c'est-à-dire, être à la fois un guide spirituel par sa maitrise des connaissances islamiques et un guide politique par son affirmation de la culture, de l'identité et des traditions peules. Ce leadership a inspiré la création du royaume peul du Fouta Toro (au Sénégal), il a posé les bases d'une identité culturelle de la communauté peule de Guinée ; celle-ci repose sur : le partage d'une langue commune (*halipular*) ; une pratique religieuse exclusivement islamique ; un attachement aux activités économiques traditionnelles comme l'élevage ; une organisation

---

[1] Guide des croyants en islam
[2] L'islam en Guinée, Fouta Diallo – Marty Paul

sociale hiérarchisée et structurée en *parentage* (*musidal*) où la famille (*dambugal*) est le noyau dur.

En dépit des divisions et rivalités qui eurent raison de la puissance du Royaume du Fouta Djallon, il vécut plus d'un siècle après sa fondation. À la différence du leadership des *mandens-mansas* (rois du mandingue), le leadership des *almamy* du royaume du Fouta théocratique était moins rigide ; le royaume était une sorte de *confédération*. Bien que l'organisation sociale soit hiérarchisée, mais chaque clan dirigeant une province jouissait d'une large autonomie. Et les décisions se prenaient en conseil des anciens composés des chefs familles de l'aristocratie. L'attachement à une telle organisation est lié au point de départ de la société peule, jadis nomade. La culture de transhumance a développé le parentage et un système patriarcal dans la société peule ; les hommes menant les clans à la recherche de pâturage pour leurs détails, se déplaçaient avec femmes, enfants, petits-enfants ; ce qui leur conférait beaucoup d'autonomie sur leur famille élargie et sur leur liberté de mouvement.

Toute de même, le système de partage du pouvoir par alternance entre deux clans avait provoqué une instabilité politique après la mort des deux leaders charismatiques, Alfa et Sory, et par conséquent a conduit à l'affaiblissement du royaume du Fouta Djallon. En fait, la guerre de pouvoir entre les deux clans était un affrontement entre deux visions de l'autorité.

D'un côté, celle traditionaliste, défendue par les *Alfaya* et soutenue par les marabouts, qui voulait que le royaume se concentre sur sa défense et que chaque province se consacre à la consolidation des traditions religieuses dans la société ; de l'autre côté, la faction militariste des *sorya*, dont les tenants souhaitent un empire expansionniste doté d'un pouvoir centralisateur plus fort, celui de l'*almamy*. Le conflit étant alimenté par une rivalité à la fois politique et familiale entre les princes. La tentative du dernier Almamy, Boubacar Biro Barry[1] d'imposer un tel régime, fort et plus centralisateur rencontra une forte résistance des

---

[1] Partisan de la vision de la fraction militariste, Bocar Biro avait arraché le pouvoir par la force et remis en cause le mode de succession par alternance.

princes des provinces, dont Alpha Yaya Diallo du diwal de Labé. La conquête coloniale de la France profita de cette lutte fratricide pour imposer sa domination dans le pays, en s'alliant aux princes rebelles. Ces derniers ignoraient qu'ils seraient les prochains sur la liste de la puissance coloniale.

Au début du vingtième siècle, la France achève sa domination sur le pays et abolie l'imamat.

- *Le leadership self-made (auto-construit) de Samory Touré :*

Samory Touré, fondateur de l'Empire du Wassolon au dix-neuvième siècle est l'un des dirigeants dont le leadership s'est construit grâce à son audace, à son charisme et à son talent personnel. Ce descendant de marabout parti de rien, s'engage comme mercenaire pour un chef local *Séré Biréma* afin de libérer sa mère qui avait été faite esclave après l'attaque de leur village. Il apprend l'art de la guerre et devint un chef de guerre redoutable. Grâce à l'activité de *djoula* (le métier de commerçant qu'il a hérité de son père), il parcourt la sous-région pour vendre et acheter. Ce qui lui permet de s'instruire, de s'inspirer des royaumes qui foisonnent par-ci et par-là, et aussi d'accumuler des ressources (or et bétails) grâce auxquelles il bâtit une armée de métier (*les sofas*). Profitant du mouvement de révolution islamique peule qui frappe la sous-région, Samory se lance à son tour avec ses *sofas* à la conquête des villes et cités (dont les mines d'or de Bouré) pour réunifier et islamiser le Mandingue[1]. Très vite, il se taille un empire s'étendant du sud du Mali, du nord-ouest de la Cote d'Ivoire, de l'est de la Guinée actuelle jusqu'au nord de la Sierra Léone.

Samory fort de sa légitimité spirituelle du fait de sa descendance du clan des *Manden-mory* (gardiens du pouvoir spirituel au Mandingue) se proclame *Almamy* (Guide religieux) en plus du titre de *Fama* (empereur). Ce qui le place ainsi, dans l'imaginaire collectif malinké, dans la catégorie de ses grands dirigeants et digne héritier de Soundiata Kéita.

---

[1] Les empires djihadistes de l'ouest-africain aux XVIIIe – XIXe siècles. Cahiers d'histoire. Revue d'histoire critique, n°128, 2015.

Toutefois, sa volonté de mettre fin à la duplicité spirituelle chez les malinkés en reniant et en voulant détruire ses traditions animistes, pour ériger un régime théocratique islamique fondé sur la charia, va lui valoir une hostilité farouche dans certains milieux du Manden, notamment chez les *Bambaras* de *Sikasso* (dans le Mali actuel) et les dioulas de Ouagadougou qui sont restés fidèles aux traditions mandingues. Sa tentative de soumettre et de convertir de force les communautés animistes du mandingue est source de plusieurs exactions de son armée qui pillent et détruisent les villes qui résistent. C'est la première rupture d'une longue tradition de tolérance religieuse dans la communauté. Il mène son empire d'une main de fer, sans partage et sans compromis sur ses convictions. Il défait des royaumes et détruits tous les roitelets qui refusèrent son autorité[1]. Confronté à partir de 1864 à la conquête coloniale française sur ses territoires. Pendant près de dix-huit ans, Samory leur opposa une résistance farouche. Mais son armée est affaiblie par les querelles fratricides engendrées par son autoritarisme ; il est défait le 29 septembre 1898, et conduit en exil au Gabon, où il mourut en juin 1900.

Sa légende de chef puissant doté d'un génie militaire hors norme reste encore vivante, contée dans les écoles et dans les familles en Guinée. Sa bravoure et son courage sont enseignés aux jeunes générations comme un modèle à suivre. Il avait repris à son compte l'une des devises du peuple malinké qui le caractérise le plus : « *kè bi ban afô ntè, ntè* » (quand un homme refuse, il dit non !).

Le modèle de leadership *self-made* de Samory Touré, bâtisseur de son propre empire, fondé sur une conception totalitaire de l'autorité prend ses racines dans la culture mandingue : une très grande fierté, la non-compromission face aux ennemis et adversaires et le refus de soumission à toute domination extérieure. Ce leadership a très influencé le nationalisme de Sékou Touré, son arrière-petit-fils et futur

---

[1] Khalil Fofana, l'Almami Samori Touré. Empereur : Récit historique, Paris, Dakar, Présence Africaine, 1998, p. 133

président de la Guinée.

De ce que nous avons décrit de la société guinéenne de l'époque médiévale et pré coloniale, nous tirons les remarques suivantes :

L'organisation socio-politique hiérarchisée que l'on constate dans les communautés Peules islamisées et Malinkés est le produit de traditions séculaires et d'une lutte identitaire. Celle-ci a permis l'émergence en leur sein des leaderships forts et charismatiques, dont la mission était d'assurer l'unité et de consolider l'hégémonie de leurs groupes.

Contrairement aux groupes ethniques des régions du littoral (Basse Guinée : Bagas, Nalous, Landoumas, Diallonkés/soussous) et du Sud (Guinée Forestière : Kpèlè, Mano, Toma), qui partageaient une absence de structure politique centralisée et étaient moins rigides dans leur organisation sociale. Ils rejetaient toute velléité hégémonique d'un groupe sur un autre. Chaque groupe étant attaché à son indépendance est organisé en communautés villageoises autonomes[1]; l'idée de se soumettre à l'autorité d'un leadership fort ou de remettre le pouvoir total dans les mains de quelques individus était totalement inconcevable dans leur culture. Suivant Stéphane Bouju, bien que cette structuration procurât à ces groupes un sentiment de liberté sur leur mode de vie, mais n'ayant aucun guide, aucun leader dominant et aucun royaume unifié autour de leur identité, elle les a laissé vulnérables face aux velléités hégémoniques des groupes externes, qui sont plus organisés, mieux aguerris par des années de lutte et dirigés par de puissants et charismatiques leaderships : la défaite au Fouta Djallon des chefferies Djalonkés/Soussous face aux Peuls islamisés venus du Macina sous le leadership de Karamoko Alfa et la conquête des communautés du Sud par Samory Touré, illustrent cet état de fait.

---

[1] Le morcellement identitaires des populations littorales ; quelques éléments de l'histoire du peuplement – Stéphane Bouju – pages 131-138.

Pourtant, cette différence de structuration qui a contribué à la domination d'une bonne partie du territoire par les Malinkés et les Peuls ne signifie nullement une quelconque suprématie civilisationnelle et culturelle de ces groupes hégémoniques. Les communautés *Bagas* sont notamment l'illustration parfaite de cette nuance ; dépositaires de la civilisation la plus ancienne et la prestigieuse du pays, leurs masques sont des objets de fascination reconnu dans le monde entier, leur technique agricole respectueuse de la terre est enseignée dans les écoles d'agronomie ; pourtant, ce peuple n'a élevé aucun grand empire encore moins de royaume dominateur ; il n'a n'ont plus ni soumis aucun groupe ni formé des leaders forts.

En somme, le territoire de la Guinée actuelle est peuplé de groupes sociaux et ethniques hétéroclites ayant des rapports à l'autorité antagonistes, des organisations et des cultures politiques différentes. Toutefois, la légitimité des leaderships qui dirigeaient les sociétés, quelle que soit la forme d'organisation, reposait sur les traditions et des coutumes ancestrales. Les instabilités, les méfiances, l'esclavagisme, les conflits et les pillages avaient engendré dans les communautés un besoin d'organisation politique totalitaire, à la tête, un leadership fort et guerrier. De ce fait, ce sont plutôt les communautés qui avaient une culture d'organisation hiérarchisée qui ont produit des leaderships forts et légendaires comme ceux dont nous avons étudié le parcours ici à savoir : Soundiata Keita, Karamoko Alfa de Timbo, Samory Touré, etc. Ils inspirent toutes les générations dans leurs communautés. En revanche, les groupes du Littoral et de la Forêt, avec des organisations politiques horizontales n'ont pas formé ce type de leadership fort, absolu et fédérateur de leurs identités. Ainsi, nous disons que *chaque forme de leadership est en relation avec la nature de l'organisation de la communauté et est influencée par la culture politique de la société.*

La colonisation française et la naissance du leadership nationaliste

La domination française de la Guinée a duré plus de soixante ans, de la défaite du dernier résistant Samory Touré en 1898 à la déclaration de l'indépendance en 1958.

Dans un régime hyper centralisateur où la Métropole se plaçait comme la seule entité unificatrice, et qui stipule que sans elle, c'est l'anarchie et le chaos, la population guinéenne n'était qu'un ensemble de groupes atomisés sans but commun ; en-tout-cas jusqu'à ce qu'une conscience politique nationaliste commence à pousser chez les élites.

En effet, les systèmes politiques traditionnels des royaumes locaux qui inspiraient la résistance avaient été démantelés et leurs chefs tués ou déportés à l'étranger par le colonisateur. À la place, la France érigea un nouvel ordre féodal, la *chefferie coutumière*. Cette nouvelle autorité de la dernière échelle du pouvoir colonial était exercée par des familles qui avaient collaboré avec les troupes de la conquête coloniale française. Les chefferies qui s'étaient volontairement soumises à la domination française ont aussi gardé leur autorité sur des petits territoires.

La France fabriqua ainsi, une nouvelle féodalité dans des communautés au détriment des familles qui ont longtemps régné sur la société. Mais la légitimité de cette nouvelle autorité ne reposait que sur la puissance de l'administration coloniale. Son rôle de collecter de l'impôt et de faciliter le recrutement des braves pour les travaux forcés et pour l'armée des tirailleurs n'avait fait que la rendre impopulaire et détestable aux yeux des communautés. Vus comme des usurpateurs et collabos par une bonne partie de la société, ces *chefs coutumiers* usaient de la force et de la terreur pour faire assoir leur autorité. Les dérives étaient courantes. Le plus célèbre d'entre eux est *David Tondon Sylla* du Canton de *Labayah* en *Basse Guinée* ; ses exactions sur une militante nationaliste *Mbalia Camara* et son mari en 1955 ont inspiré une pièce de théâtre et un chant populaire qui devint un hymne de la lutte d'émancipation nationale.

Les enfants de ces nouveaux maîtres locaux vont bénéficier d'instruction dans les écoles françaises et d'autres seront engagés dans l'armée coloniale et deviennent les piliers de l'administration coloniale. En face, se trouvaient les descendants des anciens rois, alkhaly, almamy et mansas déchus. Afin de mieux contrôlés toutes les velléités de revendication du pouvoir par ces derniers (ils étaient encore très respectés et vénérés au sein de la population.), la France les enrôlaient de force dans l'école et l'armée coloniale.

Ironie du sort, ces deux groupes de jeunes, descendants de deux entités rivales seront les figures de proue du mouvement nationaliste, qui conduira la Guinée à l'indépendance en 1958. Les plus célèbres sont Sékou Touré, premier président de la Guinée indépendante et descendant de l'Almamy Samory Touré ; Saifoulaye Diallo, premier président de l'Assemblée nationale, fils d'un chef de canton et descendant de la dynastie régnante de *diwaal* de Labé[1], la plus puissante province du royaume théocratique du Fouta Djallon ; Barry Diawadou descendant de la lignée aristocratique des *Soryah*, l'autre famille régnante de l'ancien royaume du Fouta, député à l'Assemblée nationale française puis ministre de la Guinée indépendante ; Karim Bangoura, issu de l'aristocratie de *Soumbouyah* (une chefferie de la Basse Guinée) et Amara Soumah, descendant de la chefferie *Baga* de *Kaporo* qui régnait sur la presqu'île de Kaloum.

Aussi, le développement d'une élite citadine et commerçante et le retour des tirailleurs qui ont participé à la Seconde Guerre mondiale ont permis l'émergence d'une bourgeoise politiquement engagée en faveur de l'indépendance. En dépit que l'économie soit dominée par les entreprises coloniales et de l'inégalité dans les échanges, des commerçants faisant le négoce et des planteurs de banane et autres plantes tropicales avaient réussi à se faire une place dans l'économie et à former une classe rentière très politisée. Ce sont eux qui ont apporté l'aide financière nécessaire aux organisations et

---

[1] Parti Démocratique de Guinée, Saifoulaye Diallo 1923 - 1981, www.webguinee.site

mouvements de lutte pour l'indépendance.

Le contexte de la crise économique qui prévalut à la fin de la guerre mondiale est marqué par des revendications sociales et politiques de plus en plus pressantes ; des grèves, manifestations et mouvements nationalistes touchent toutes les colonies françaises. En Guinée, de plus en plus de voix se lèvent pour parler de l'indépendance.

Par ailleurs, de la division du territoire en quatre régions naturelles (Basse Guinée, Moyenne Guinée, Haute Guinée et Guinée Forestière) que la colonisation a instituée naissent des organisations à caractère identitaire et régionaliste dont les membres étaient animés par les mêmes sentiments de recherche de sécurité et de protection pour les siens que les leaderships des périodes médiévales et précoloniales : l'*Union de la Basse Guinée* autour des Soussous, l'*Union forestière* autour des ethnies du sud, l'*Union Manden* autour des Malinkés et *Amicale Gilbert-vieillard* autour de l'élite Peule. En même temps que les organisations syndicales, ces mouvements tribaux dominaient l'espace public et politique. Et en s'inscrivant dans la lutte d'émancipation nationale, ils deviennent des soutiens aux leaders politiques issus de leur région. Ce qui a eu pour conséquence d'accentuer le chauvinisme ethnique et régionaliste des bases des partis politiques encore vif de nos jours.

Trois partis politiques dominaient le mouvement nationaliste :

- Le *Parti Démocratique de Guinée – PDG* section locale du *Rassemblement Démocratique Africain – RDA*, largement soutenu par les masses populaires, il était dirigé par le trio Sékou Touré, Saifoulaye Diallo et Amara Soumah ;

- Le *Bloc Africain de Guinée – BAG* dirigé par un autre trio Diawadou Barry, Koumandian Keita et Karim Bangoura soutenus par l'élite aristocratique et la chefferie coutumière ;

- Et le Mouvement socialiste africain dirigé par Ibrahima Barry III, communiste et pro bloc soviétique.

D'autres leaders charismatiques ont émergé également à cette époque comme Telli Diallo, diplomate et Premier secrétaire général de l'*Organisation de l'unité africaine – OUA* en 1963 ; Fodéba Keita, homme politique et fondateur de la célèbre troupe, les Ballets africains ; etc.

Bien que, ces partis eussent des directions nationales cosmopolites, il était évident qu'ils avaient des bases très ethnicisées. Même s'il faut reconnaitre que le PDG de Sékou Touré était le parti des masses de toutes les ethnies, mais il avait beaucoup instrumentalisé les différences sociales notamment les ressentiments contre l'aristocratie Peule et Soussou pour recruter dans les milieux défavorisés. Néanmoins, l'objectif de l'indépendance avait fédéré toutes les forces nationalistes. Aucune voix dissonante n'avait émergé parmi les leaders de la société. C'est la naissance du *leadership nationaliste* en Guinée.

Avec l'adoption de la loi-cadre en juin 1956, le suffrage universel est établi dans les colonies françaises d'Afrique et une certaine autonomie administrative leur est octroyée. Les leaders nationalistes vont pleinement se servir de cette occasion pour légitimer leur combat. Les élections législatives tenues plutôt avaient donné une large victoire au parti de Sékou Touré qui prend le contrôle du gouvernement local. Et dès 1957, il démantèle par un arrêté ministériel signé de Fodéba Keita, ministre de l'Intérieur, la *chefferie coutumière* que la France avait installée à la place des anciennes chefferies du pays. Cette décision sera décisive dans la large victoire du « *Non* » en Guinée lors du référendum gaulliste de 1958[1], puisqu'elle a coupé le système colonial de ses relais dans la société qui pouvaient l'aider à influencer le scrutin.

L'indépendance a été acquise grâce à une union sacrée de toutes les forces sociales et politiques du pays. Ainsi, le premier gouvernement de la République était un gouvernement d'union nationale, qui avait en son sein tous les principaux leaders politiques. Nous en tirons la conclusion que le leadership

---

[1]La fin de la Chefferie en Guinée – publié en ligne par Cambridge University Press, 22 janvier 2009, Jean Suret-Canale

nationaliste né de la lutte d'émancipation nationale a émergé dans la diversité des institutions libres de la société civile : organisations religieuses, régionalistes et ethniques, mouvements syndicaux, partis politiques, etc. – suffisamment libres et bien structurées, ces entités ont été des creusets démocratiques de la société, et les actions qu'elles ont posées ont permis la désintégration du système colonial et l'indépendance nationale. Encore, la légitimité des leaderships nationalistes était démocratique ; elle reposait non seulement sur la noblesse d'une lutte de libération nationale, mais aussi sur une adhésion populaire massive à travers des compétitions électorales ouvertes que les nationalistes ont gagnées haut la main ; contrairement à leurs prédécesseurs (leaders traditionnels féodaux) qui devraient mener des guerres pour le pouvoir.

De l'autoritarisme des leaderships de la Guinée contemporaine

Nous avons démontré au début de cette partie comment certains aspects socio-culturels de la vie d'une société peuvent influencer la nature de ses leaderships. Mais le peuple de Guinée n'est pas le seul à partager certaines de ces réalités endogènes, telles que le morcellement identitaire de la société, le tribalisme, le sectarisme religieux, le centralisme du pouvoir, etc.

Tous ces éléments sont communs presque, à toutes les sociétés de l'Afrique de l'Ouest à la sortie des années indépendances. Quoique, cela n'a pas empêché des progrès gigantesques dans tous les domaines dans d'autres pays. Je dirais qu'ils ont su transformer leurs faiblesses en atouts : le Nigeria avec son afrobeat créé à partir des sonorités des multiples ethnies du pays fait danser le monde entier. Bien qu'il soit longtemps miné par des conflits et crises multiples, dont entre, autres les tensions entre le nord musulman et le sud chrétien ; les conflits entre éleveurs *Foulani* et les agriculteurs *Haoussas* ; le séparatisme des *Igbo*, et toujours confronté au terrorisme islamiste de Boko haram, le Nigeria est devenu la première économie du continent africain, grâce notamment à son pétrole, au dynamisme de ses entrepreneurs, à une stabilité politique et démocratique en optant pour un système fédéral qui consacre beaucoup d'autonomie aux États formés autour des groupes ethniques.

La Côte d'Ivoire, malgré dix ans de guerre civile dévastatrice entre 2000 et 2010 est redevenue une puissance sous-régionale et l'un des hubs économiques du continent. La constitution du pays depuis 2014, reconnaît l'autorité des chefs coutumiers et donne beaucoup de pouvoir aux collectivités locales. Le Sénégal et le Ghana sont cités comme des modèles d'une démocratie solide et stable favorisant leur attractivité touristique et économique. Les leaderships des premiers régimes que ces pays ont aussi connus n'étaient pas non plus démocratiques. On peut même les qualifier aussi d'autoritaires. Le système de parti unique était la règle partout, même si ces pays avaient un avantage crucial : la compétence de leurs leaderships. Les leaderships qu'ils ont connus ont su, en dépit de leurs limites, s'entourer de personnes capables de traduire leur vision en programme puis en action. Cela fait partie des qualités d'un grand leader : savoir choisir ses collaborateurs.

En revenant en arrière, sur l'étude des styles de leadership de Kurt Lewin, nous nous rappellerons que sa conclusion préconise que le leadership autoritaire est capable de donner les mêmes résultats que le leadership démocratique (participatif) et parfois avec l'avantage d'être plus rapide dans la prise de décisions. Mais avec le risque d'enrayer le processus de progrès du groupe s'il n'est pas compétent et de ne pas pouvoir créer l'enthousiasme sincère chez les membres du groupe.

Un leadership autoritaire et incompétent, c'est le terreau fertile à l'exacerbation de toutes les plaies sociétales d'une nation; c'est la porte ouverte à toutes les dérives.

La Guinée contemporaine a pris forme à partir de quatre événements historiques majeurs :

- La création de la colonie *Guinée française* en 1889, qui fixe les frontières du territoire dans lesquelles le pays se trouve actuellement.
- L'écrasante victoire du *Parti démocratique de Guinée – PDG* aux élections législatives de 1954 ; fer de lance du mouvement de

libération nationale.

- L'abolition de la chefferie coutumière par l'arrêté Fodéba Keita ; cet acte met officiellement fin au modèle de féodalité dans l'organisation politique de la Guinée et trace les contours du nouvel État moderne.

- Et la victoire du « *Non* » au referendum du 28 septembre 1958, octroyant une souveraineté totale au pays.

Les leaderships dirigeant la Guinée depuis cette époque avaient-ils de la compétence pour faire face aux énormes défis qui l'attendaient ?

Sur ce, rappelons d'abord les principaux défis auxquels étaient confrontés ces leaderships :

- Construction d'une nation (dimension politique).

- Amélioration des conditions de vie de la population (dimension économique).

- Consolidation de la souveraineté nationale et réhabilitation de la dignité du peuple (dimension philosophique).

Pour le premier défi, les élites dirigeantes de la Guinée indépendante avaient fait le choix plutôt réaliste, mais pas sans conséquence, de reconduire le modèle français d'organisation politique de l'État ; c'est-à-dire la construction d'un État-nation par la centralisation et la puissance d'une administration verticale et unitaire. Mais tout en cherchant à préserver la diversité ethnique du pays. Par exemple l'enseignement à l'élémentaire était dispensé dans les diverses langues locales alors que la pluralité politique était bannie au profit d'un parti unique. Ce qui est contradictoire.

Pourquoi le choix d'une organisation politique centralisatrice alors que ce modèle était un héritage du colonisateur conçu pour son propre besoin, mais contraire aux réalités sociologiques du pays ? Était-ce la peur des velléités de séparatisme chez des groupes ethniques que pouvaient engendrer un État décentralisé ? Ou plutôt, l'imaginaire politique des dirigeants avait-il favorisé ce choix ?

A priori, un dirigeant en manque de compétence et de vision a toujours la peur de déléguer le pouvoir. Pour lui, le partage de la puissance publique affaiblit son autorité et créé de l'anarchie. Dans son imaginaire, il n'y a pas un meilleur biais de garder la main que de concentrer toutes les décisions à son niveau. Or, il n'y a pas un moyen plus efficace d'affaiblir l'autorité d'un État qu'en retirant à ses citoyens la liberté de choisir, à sa société la possibilité de décider elle-même de son destin.

En ce qui concerne la dimension économique, l'objectif était de rétrocéder les richesses du pays autrefois confisquées par les colons, à ses enfants ; de remettre les moyens de production sous le contrôle des nationaux. Pour ce faire, le pays prit la trajectoire du « socialisme » ; prônant une société solidaire et égalitaire absolue. Mais le régime de parti unique avec ce modèle cherchait plutôt à désintégrer l'aristocratie constituée de ses opposants et à empêcher l'émergence d'un secteur privé libre et politiquement émancipé. Nous remarquons là aussi, une contradiction entre un choix politique logique et son objectif irrationnel.

La transition vers le libéralisme qui a été ensuite entreprise après un quart de siècle, est mal maîtrisée et les habitudes d'interventionnisme de l'État dans le marché ont la peau dure.

Ces contradictions et errements, ont biaisé toutes les reformes qui devraient mettre le pays sur les rails du progrès.

N'ayant quasiment aucune expérience de la gestion d'un État, les pères de l'indépendance se sont retrouvés à faire face aux quotidiens des citoyens et à tenir la promesse que la souveraineté politique apportera la prospérité économique et sociale. Incapables de répondre à ces attentes et pour masquer leurs incompétences, le premier régime va crisper le pays dans une « révolution » idéologique : la restauration de la dignité de l'homme africain, l'anticolonialisme, le panafricanisme, etc. Leurs successeurs ne feront pas mieux en termes de changement de niveau de vie de la population. Entre volonté de rupture avec le passé et celle de conserver le pouvoir à tout prix ; ils vont installer la Guinée dans une spirale d'instabilité de laquelle le pays a du mal à s'extirper.

Notons que la Guinée contemporaine a connu une succession de régimes autocratiques, dont deux civils : Sékou Touré et Alpha Condé et quatre militaires : Lansana Conté ; Moussa Dadis Camara ; Sékouba Konaté et Mamadi Doumbouya.

Voyons en détails les caractéristiques singulières de ces différents leaderships de la Guinée contemporaine.

Le leadership dictatorial du parti unique de Sékou Touré

Le régime politique par lequel tous les pouvoirs dévolus à un État sont concentrés dans les mains d'une personne, ou d'un groupe de personnes, est appelé « dictature ».

Dans ce mode de gouvernance, aucune institution ne limite l'autorité de celui, ou de ceux qui l'exercent. Le vote des lois, leurs applications ainsi que les décisions de justice sont directement fixées par la volonté du leader ou du groupe dirigeant. Une dictature se caractérise par l'absence dans le pays de groupes de pression et d'opposition. Ils sont soit interdits soit volontairement affaiblis. La presse n'est pas libre ou est censurée, les partis d'opposition ne sont pas autorisés ou sont réprimés et la société civile n'est pas indépendante sinon réduite au silence. Les élections qui s'y déroulent ne sont que farce.

L'émergence de la dictature dans les États se fait souvent dans un contexte de crise quand les institutions sont affaiblies et incapables de faire face aux problèmes du moment. Elle s'installe de plusieurs manières : par une junte au terme d'un coup d'État, par une révolution ou par l'annexion du territoire.

En Guinée, la dictature du parti unique de Sékou Touré a été favorisée par les facteurs suivants :

- D'abord par l'émergence de la personnalité de Sékou Touré comme leader de la lutte de libération nationale puis comme chef de l'État. Il a réussi à se placer comme l'homme providentiel, en dépit du fait qu'il manquait d'expérience et de compétences. Confronté aux difficultés de l'exercice du pouvoir, il a eu recours à l'exercice d'une autorité forte et impitoyable pour masquer son incompétence. Dans ce titre, les analyses sont essentiellement consacrées à l'étude de la personnalité de ce leader.

- Ensuite par l'affaiblissement du gouvernement de l'après-indépendance par un manque de ressources provoquant des pénuries. Des crises multiples se sont accumulées. Elles sont entretenues par l'hostilité de l'ancienne puissance coloniale, la France et exacerbées par des clivages politico-ethniques entre les leaders nationalistes. Un régime révolutionnaire a été mis en place par Sékou Touré qui s'est donné la mission historique de défenseur de l'indépendance du pays.

La Guinée est le premier pays de l'Afrique francophone à accéder à l'indépendance en votant contre la communauté française proposée par le général de Gaulle le 28 septembre 1958. En choisissant la voix de l'indépendance totale et immédiate, la Guinée s'était retrouvée isolée et sous un quasi-embargo de l'ex-puissance coloniale, qui craignait que son exemple n'inspire les autres colonies.

La rupture fut brutale ; le pays devait apprendre à marcher tout seul, construire une administration publique sans ressources, créer un système éducatif sans manuels scolaires et avec peu d'enseignants (les colons ayant tout emporté), frapper sa propre monnaie et surtout construire une nation.

Bien que cela ne soit pas l'unique excuse de son retard, mais l'attitude belliqueuse de l'État français à l'égard de la Guinée indépendante avait impacté négativement le développement du pays.

Pour survivre, le régime guinéen dirigé par Sékou Touré se radicalise et instaure un système de parti unique. Aucune opposition n'était autorisée. La répression qui s'en est suivie avec des complots imaginaires ou réels, conduit des centaines de milliers de Guinéens (intellectuels, commerçants, entrepreneurs, industriels et simples anonyme) à l'exil forcé, certains en prison dans le sinistre Camp Boiro et d'autres sont fusillés s'ils n'étaient pas pendus. Tous les corps sociaux et toutes les élites ont été touchés. Ce qui a décimé le capital humain du pays et privé l'État des talents et des génies de certains de ses enfants.

En outre, le collectivisme économique pour lequel le régime avait opté a éteint toutes les initiatives privées ; occasionnant le chômage, les pénuries et la précarité. Le Parti Démocratique de Guinée – PDG était l'organe suprême de décision et d'orientation des affaires du pays. Les fonctionnaires et administrateurs territoriaux étaient recrutés surtout pour leur engagement et leur fidélité au parti-État plutôt que pour leurs compétences. Ce qui a rendu l'administration publique inefficace et incompétente. Les moyens de production étaient sous le contrôle de l'État qui avait mis en place une police économique, dont la mission était de veiller au contrôle des prix sur les marchés. Les réformes agraires tournées vers le socialisme ont dépouillé les grands producteurs et appauvri l'agriculture familiale qui occupait quatre-vingts pour cent de la population.

Le conflit des blocs idéologiques, capitalisme et communisme n'a pas non plus épargné la Guinée : deux courants s'affrontent au sein du gouvernement d'union nationale, d'un côté les partisans d'un ultra-communisme prosoviétique et de l'autre côté ceux qui prônent le non-alignement et un socialisme à l'Africain. En véritable stratège politique, de cet affrontement, Sékou Touré avait le fait choix d'imposer son autorité, d'être le seul qui décide de quelle voix suivre. Très vite, le système de parti-unique qu'il instaura se mue en une dictature impitoyable à la tête de son leadership incontesté, avec une vision doctrinale et messianique du pouvoir. En quoi est donc fait le caractère politique de cet homme, considéré comme un « héros » pour certains et comme un « tyran » pour d'autres ?

Le complexe du messie à l'origine de l'imaginaire politique de Sékou Touré

Le leadership d'un dirigeant prend sa source dans l'estime qu'il porte non seulement à son histoire personnelle, mais aussi au passé de la société qui l'a engendré. L'imaginaire politique et le caractère de la gouvernance de Sékou Touré se façonnent dans le marbre de sa culture mandingue où l'héroïsme est vénéré et la fierté, glorifiée.

« … Le président de la Jeune République Guinéenne, Sékou Touré, a été dans cette dernière période l'homme africain décisif. « Nous avons quant à nous, un premier et indispensable besoin, celui de notre dignité. Or il n'y a pas de dignité sans liberté. Nous préférons la pauvreté dans la liberté à la richesse dans l'esclavage. » De toute manière, l'homme qui a prononcé cette parole historique, et qui sans effusion de sang, a conquis pour son pays l'indépendance, est certainement un homme exceptionnel. »[1]. Quand Aimé Césaire en 1959 décrivait ainsi Sékou Touré, un an après son discours face à Charles de Gaule, en le considérant comme « *l'Homme africain décisif* », il n'imaginait sans doute pas que sa plume à dimension mondiale contribuera à exacerber l'obsession de grandeurs du jeune Chef d'État ; ce que nous appelons « *le complexe du messie.* ». Excellent orateur, le charisme de Sékou Touré prend son élan grâce à son combat syndicaliste où il s'est démarqué par ses prises de position claire contre la politique coloniale envers les travailleurs nègres ; il devient à seulement vingt-trois ans une figure de proue de la lutte syndicale dans les colonies de l'Afrique de l'Ouest. Son aura atteint son apogée après son discours face à de Gaule le 25 août 1958 suivi de la victoire du *Non* le 28 septembre contre le projet de communauté franco-africaine. Proche des milieux communistes français (opposés à la colonisation) et bénéficiant d'un soutien financier d'Houphouët-Boigny, alors leader du *Rassemblement démocratique africain – RDA*, Sékou Touré épouse les idées marxistes et se sert opportunément de ces méthodes pour se hisser comme leader incontesté de la section guinéenne

---

[1] Aimé Césaire, préface à Touré, Sékou, L'Expérience guinéenne et l'unité africaine, Paris, Présence africaine, 3e trimestre 1959 lu dans Mémoire Collective.

de RDA, le PDG, puis comme leader du mouvement de libération nationale. Sékou Touré est né en 1922 à Faranah, en Haute Guinée, est éduqué dans la pure tradition orale africaine du Mandingue où l'on transmet de génération en génération depuis des siècles les récits et légendes des grands leaders historiques de l'Afrique médiévale comme Kayah Maghan Cissé, Soundiata Kéita, Samory Touré, etc. Il forge son caractère politique dans cette culture riche en héroïsme et mythes. Il s'est alors assigné la mission historique de redonner au peuple africain de Guinée sa gloire et sa fierté d'antan. Il s'imagine comme le seul digne héritier des « légitimes » princes du pays. Il se voit comme celui qui est capable de reprendre le flambeau des héros de la résistance à la pénétration coloniale. La pensée politique de son leadership est particulièrement influencée par Samory Touré dont il est l'arrière-petit-fils par sa mère. Il va utiliser cette lignée avec le dernier Fama du mandingue et le plus célèbre des résistants à la pénétration coloniale pour légitimité son leadership face à ses rivaux issus pour la plupart de l'aristocratie formée et soutenue par le colonialisme. L'histoire Maladho Siddy Baldé décrit cette influence en ces termes : « *En dépit de plus d'un demi-siècle de séparation entre l'administration de Samory et celle de Sékou Touré, on distinguera non sans surprise un système d'organisation et de gestion du pouvoir public presque analogue, obéissant fondamentalement à la même volonté de l'autorité centrale d'avoir un contrôle quasi absolu sur tous les maillons du commandement. Tout doit être l'émanation de « l'autorité du guide suprême ». Par exemple, aucun d'eux ne badinait avec ses ennemis, et même s'il s'agissait de membres de sa famille, de cadres hauts placés de l'armée ou de compagnons de longue date. S'il est encore difficile de savoir le degré d'influence ou d'inspiration que la politique de Samory aurait eu sur celle de Sékou Touré, il est tout de même facile d'établir certains traits de ressemblance dans la pratique des faits : arrestations et condamnations des proches et compagnons des premières heures accusés de trahison ; assassinats en masse de toutes sortes.*»[1]

---

[1] Extrait « Pouvoir et menaces, aux sources de l'imaginaire politique de Sékou Touré. De Samory à Sékou, comment une épopée semble avoir façonné un dirigeant », par Maladho Siddy BALDÉ, Département d'Histoire, université de Sonfonia, Conakry, Mémoire collective, p.82-85

Inspirer la crainte et la peur, un moyen d'affirmation de son autorité :

Le mode d'organisation du parti de Sékou Touré ressemblait beaucoup à celui qu'avait établi le communisme en URSS. Une structure de jeunesse constituée en « groupes de choc » très agressif qui se chargeaient des actions punitives contre les adversaires politiques. Il n'y avait aucune place à la compromission et à la contradiction même à l'interne ; d'ailleurs, Sékou Touré implacable face à toute dissidence éliminera beaucoup de ses compagnons de lutte. Tous ceux qui avaient un leadership capable de faire l'ombre à son autorité ont fini en prison ou en exil ou encore par être tués. Il prendra le titre de Responsable suprême de la Révolution. Aucune tolérance en face de ceux qui pensent différemment. Les différences ethniques, sociales et religieuses sont instrumentalisées pour porter sa personnalité et son parti comme l'unique unificateur du pays.

Pendant les élections législatives de 1954, des éléments du PDG, son parti ont commis des violences et intimidations à travers le territoire contre les soutiens du parti rival BAG de Barry Diawadou : incendies, pillages des commerces tenus par les peuls, l'ethnie de Diawadou, mais aussi contre les chefs coutumiers nommés par l'administration coloniale et qui soutenaient ses rivaux. L'historienne Elizabeth Schmidt, professeure au département d'histoire de l'Université de Loyola, Maryland relie cette propension à la violence du leadership de Sékou Touré à l'histoire des pratiques coloniales de la France qui ont exacerbé les inégalités : « *le fait de privilégier certains groupes par rapport à d'autres a produit une société marquée par de profondes inégalités ethniques et régionales. Le désir de la France de maintenir le statu quo après l'indépendance, sa détermination à installer au pouvoir ceux qu'elle avait choisis comme interlocuteurs valables, ont sapé les efforts de la Guinée pour construire une nouvelle nation et ont contribué à la réponse violente du gouvernement de Touré[1].* » Explique-t-elle.

---

[1] Elizabeth Schmidt, professeure au département d'histoire de l'Université de Loyola, Maryland. Auteure de Cold war and decolonization in Guinea, 1946-1958, Ohio University Press, 2007, entretien recueilli dans Mémoire collective p.93 - 94.

En effet, dans une atmosphère de tension à cette période de mouvement d'émancipation, la France dans sa tentative de contré la monté en puissance du parti de Sékou Touré, qu'elle craint pour ses idées radicales et son idéologie communiste, met en branle les relais de la *chefferie coutumière* dans le but de favoriser l'élection des leaders plus accommodant par rapport à sa politique. De ce fait, dans la rhétorique de Sékou Touré, toute opposition aux idées qu'il prône est un soutien au colonialisme. Même si on sait tous que tous les partis politiques et organisations sociales (en dépit que certains soient opposés à Sékou Touré) avaient soutenu sans réserve l'indépendance immédiate. Mais pour Sékou Touré, rien à faire ; il désigne ses adversaires comme des marionnettes du colonialisme.

Par ailleurs, dès les premières années de son pouvoir, Sékou Touré a dû faire face à d'énormes difficultés multiformes. En plus des tentatives de déstabilisation de son régime soutenues par la France, la grogne sociale montait de toute part à l'intérieur du pays, exacerbée par les pénuries et les baisses de salaire des fonctionnaires. En réponse à chaque mouvement de revendication d'une partie de la population, Sékou Touré crie au complot et traite les meneurs de contre-révolutionnaires. La propension au « complot » est une des caractéristiques de son leadership. Cela lui servait plutôt de diversion pour dissimuler son handicap, l'incompétence.

Ainsi, Sékou Touré est persuadé que si son triomphe avait dépendu de son charisme et de ses idées révolutionnaires, mais son maintien au pouvoir viendrait de la peur et de la crainte qu'il inspire par l'intransigeance de son autorité. Pour ce faire, il ne lésinera sur aucune méthode de répression contre toute tentative de contestation de son pouvoir : procès et aveux publics des dissidents, emprisonnement et tortures des adversaires dans des camps à la manière des goulags soviétiques, pendaison d'opposants sur la place publique, etc.

Une haine du colonialisme et une méfiance des establishments :

L'organisation politique de Sékou Touré, le PDG, contrairement à ses concurrents était un parti des masses populaires. Ses militants venaient essentiellement des ouvriers et des milieux défavorisés. Ils projettent leurs espoirs en Sékou Touré, parce qu'il est proche d'eux grâce à ses années de lutte syndicale ; il est « *le fils du peuple* » ; c'est ainsi que le surnommait Mamadou Barry dit *Petit Barry*, ancien éditorialiste du journal *Horoya,* qui passera d'ailleurs huit ans dans une prison du régime à Gangan, Kindia. Sékou Touré n'est pas de cette aristocratie privilégiée, qu'il pourfende comme symbole du système inégalitaire du colonialisme. C'est dans le syndicalisme et le militantisme politique qu'il trouvera sa voie alors que ses homologues nationalistes des autres territoires ont de brillantes carrières dans l'administration coloniale et dans les gouvernements de la métropole. Il brille par son charisme et gravit tous les échelons de la société par sa seule détermination et de son engagement à ne rien lâcher. Un autodidacte, intelligent et audacieux, ses idées et ses paroles le rapprochent du bas peuple ; il a construit son propre leadership comme Samory Touré, son ancêtre en dépit de nombreuses péripéties et obstacles.

La méfiance et la haine de Sékou Touré envers le colonialisme et tout ce qui l'incarne prend sa source dans son histoire personnelle et celle de sa famille : renvoyé de l'école coloniale dès l'élémentaire, descendant d'une ancienne aristocratie déchue et détruite par le colonialisme. Les dérives du système colonial ont exacerbé cette méfiance de Sékou Touré envers un grand nombre de catégories sociales, qu'il accuse à tort ou à raison de se nourrir de ce système inégalitaire : les entrepreneurs et commerçants sont des « fossoyeurs » et « trafiquants » ; les intellectuels formés dans l'école coloniale sont des « acculturés » et « aliénés » [1]; l'aristocratie et la féodalité des instruments d'exploitation des masses.

---

[1] Mémoire collective, une histoire plurielle des violences politiques en Guinée

Un éditorial du journal panafricain *Jeune Afrique* explique la construction de ce sentiment de méfiance de Sékou Touré envers les élites dans le même ordre d'idée : « *Ne relevant statutairement d'aucun de ces groupes, Sékou Touré n'a pas toujours été le bienvenu en leur sein. En retour, il en voulait à tous ceux dont le savoir, la fortune et la famille pouvaient avoir été fortifiés par le pouvoir colonial qu'il a toujours rejeté d'emblée et sans demi-mesure* [1]» peut-on lire. Cette posture anticolonialisme et contre ses institutions s'est radicalisée au fil du temps et au gré des évènements politiques ; le « nationalisme » inclusif qui animait son idéal, s'est transformé de manière progressive en « *une préférence accordée aux traditions et aux pratiques malinkés, ainsi qu'en une adhésion à l'islam au détriment des autres religions.* » Selon Elizabeth Schmidt. Il s'attache durant tout son règne à décimer l'aristocratie sous toutes ses formes, réduire au silence les élites de toutes les catégories sociales, renforcer le contrôle de son parti et de sa famille sur l'État, l'économie et toutes les institutions de la société guinéenne.

Nonobstant, c'est le leadership charismatique de Sékou Touré qui permit de fédérer les forces nationalistes de Guinée pour la conquête de la souveraineté nationale, le 28 septembre 1958 ; il était le fer de lance de la restauration de la dignité du peuple par l'affirmation de son appartenance sans complexe à la nation africaine de Guinée. Son discours face au général Charles de Gaulle, le 25 août 1958 et le vote du *Non* [2] à la domination française sont encore de nos jours une source de fierté nationale pour toutes les générations.

Par contre, son pouvoir ferme et harmonieux sans contradictions et débats d'idée ne lui a pas permis de faire des choix politiques judicieux à des moments charnières. Par exemple, le modèle économique du type collectivisme pour lequel il avait opté, avait empêché l'émergence dans la société, du leadership entrepreneurial créateur de richesse.

---

[1] Jeune Afrique Plus, n° 8, juin 1984, p. 24
[2] Le non de la Guinée à de Gaulle – Lansiné Kaba, 1989, Editions Chaka

Son régime de contrôle de tous les aspects de la vie des citoyens, sa politique de « complot permanent » et de répression systématique de toute dissidence ont instauré dans le pays une culture de méfiance entre groupes ethniques et d'intolérance politique qui subsistent encore de nos jours.

En mars 1984, à soixante-deux ans et après vingt-six ans de règne sans partage, Sékou Touré meurt à Cleveland aux États-Unis. Le mythe du *mansa* invincible qu'il incarnait tombe aussitôt qu'il est enterré. Le régime qu'il avait bâti sur sa personne n'a survécu que d'une semaine. Un groupe de militaire ; le *Comité Militaire du Redressement National – CMRN*, à sa tête le colonel Lansana Conté renverse son régime et fait rentrer la Guinée dans une nouvelle ère, celle des militaires.

Malgré les dérives que son régime avait commises, et quarante ans après sa disparition, le leadership de Sékou inspire un grand nombre de jeunes leaders qui revendiquent pleinement son héritage ; des jeunes séduits par les idées nationalistes, populistes et révolutionnaires de l'homme, et surtout, fascinés par la légitimité historique incarnée par son leadership.

Le leadership électoraliste et clientéliste d'Alpha Condé

La Guinée connut sa première alternance pacifique du pouvoir en 2010, soit cinquante-deux ans après son indépendance. Alpha Condé, l'opposant historique aux différents régimes autoritaires succède aux militaires à la suite d'élections libres. Cependant, l'espoir d'une stabilité politique et de démocratie retrouvée sous le leadership d'un intellectuel vire vite au désenchantement.

À l'instar de ses prédécesseurs, Alpha Condé instaure une autocratie en remettant en cause des acquis démocratiques fruits des années de lutte citoyenne. Les institutions libres de la société qui se sont beaucoup développées dans les dernières décennies se sont vu malmener par les restrictions et les tentatives de les placer sous le contrôle du régime. Il s'attela à caporaliser toutes les institutions de la société. Les leaders syndicaux et religieux, les fonctionnaires, les entrepreneurs, et même les artistes devraient faire le choix entre soutenir le régime ou devenir son opposant. Ainsi, en soutenant publiquement la politique du régime et en finançant ses campagnes électorales, les entrepreneurs, les commerçants, les opérateurs économiques et les leaders d'opinion s'assuraient la garantie de bénéficier des avantages, exonérations fiscales, marchés publics, etc. Les hauts fonctionnaires des services publics sont nommés pour leur loyauté au parti au pouvoir ou pour leur appartenance communautaire. De ce fait, la corruption et les détournements dans la fonction publique explosent. On estime à des centaines de millions de dollars de fonds publics détournés sous le régime d'Alpha Condé et jamais des enquêtes n'ont abouti à des condamnations des personnalités mises en cause.

La volonté d'Alpha Condé d'imposer la suprématie de son parti à tous les aspects de la vie publique est inspirée directement du système de parti unique de Sékou Touré, en dépit du fait que vingt-huit ans séparent les deux régimes. À la différence notable que lui (Alpha Condé) a tenté de stabiliser son régime par un apparent partage de pouvoir avec les élites des différents groupes sociaux et politiques du pays. Il s'achetait la coopération de ces élites à coup de contrats de gré à gré, de décrets et de nominations tous azimuts. Sa gouvernance, fondée, sur l'ethno-stratégie et le clientélisme, a polarisé le pays et installé une situation belliqueuse entre ses groupes sociaux et ethniques. Les tensions ethniques montent à leur comble conduisant parfois à des affrontements meurtriers.

Comment expliquer la tournure autocratique du pouvoir d'Alpha Condé, alors qu'il avait combattu tous les dictateurs successifs à la tête du pays, condamné à mort par contumace par Sékou Touré en 1970 puis emprisonné plus de vingt mois par Lansana Conté lors de l'élection présidentielle de 1998 ?

Comme ses prédécesseurs, l'imaginaire politique d'Alpha Condé a été forgé aussi par son passé, son parcours et le contexte historique de son époque, le vingtième siècle marqué par l'antagonisme Communisme versus Capitalisme. Il est de l'école du leadership du type ancien fondé sur les rapports de force.

Né en 1938 à Boké (nord-ouest), Alpha Condé est arrivé en France à l'âge de quinze ans où il est confié à Pierre Mendès France, un homme politique et une figure de proue de la Gauche française. Il est donc tout à fait logique qu'Alpha Condé ait été influencé dès son jeune âge par la conception politique de Gauche ; plus particulièrement par la Gauche radicale, incarnée alors par le maoïsme. C'est dans son passé de militant à la *Fédération des étudiants d'Afrique noire francophone en France – FEANF*, au cours des années 60 que s'est développé l'imaginaire politique d'Alpha Condé vers le maoïsme.

La FEANF fondée en 1950, était une organisation radicale, anticolonialiste et marxiste dans laquelle beaucoup d'étudiants d'origine d'Afrique noire en France se sont forgés politiquement. À la FEANF, Alpha Condé adhère à la thèse des maoïstes convaincus, qui estiment que seuls les rapports de force constituent le moyen essentiel pour régler toutes les contradictions. Ainsi, l'exercice des rapports de force marque tout son combat politique dans l'opposition, mais aussi dans son exercice du pouvoir. Il avait organisé son retour d'exil au pays en

1991 par une grande manifestation, que les autorités avaient pourtant interdite. Il était parvenu à Conakry avec un passeport expiré parce que l'État guinéen lui avait refusé de le lui renouveler. Lors de son procès en 2000 pour atteinte à la sûreté de l'État, il refusa de répondre aux questions du tribunal. Il se mua dans un silence qui met le juge dans une posture déconcertante.

Alpha Condé a véritablement émergé comme leader à la suite de la brutale répression contre les officiers malinkés, accusés dans le coup d'État manqué de Diarra Traoré en juillet 1985. Il s'était érigé en défenseur des droits des Malinkés face à une supposée « oppression » et « ségrégation » qui viseraient ses membres du seul fait de leur appartenance ethnique. Il est apparu ainsi pour les siens, comme leur sauveur. En 2015, à l'approche de la présidentielle ; candidat pour un second mandat, Alpha Condé lors d'un meeting à Kankan rappelle : « *Quand je rentrais au pays, à Conakry, les Malinkés n'osaient même pas parler. C'est moi qui vous ai ouvert la bouche* » affirme-t-il. Ainsi, il se plaçait comme le messie, qui a sauvé les Malinkés, et par conséquent, ils doivent lui être reconnaissants. Il sera piégé dans cette image entre d'une part, le fait d'être considéré à l'étranger comme une figure de proue de la lutte contre la dictature militaire et d'autre part, la perception de son leadership à l'intérieur vu comme identitaire.

Le discours de prise de fonctions d'Alpha Condé en tant que chef d'État pour la première fois, le 21 décembre 2010, annonçait ce qui allait être sa gouvernance : « *Je prends la Guinée là où Sékou Touré l'avait laissé* » avait-il dit.

Mais revendiquer sans complexe l'héritage de celui qu'il avait pourtant décrit comme un dictateur sanguinaire intriguait plus d'un. Faut-il voir dans ce revirement d'Alpha Condé, l'adhésion à la vision autocratique du leadership de Sékou Touré, ou un opportunisme politique pour rallier les nostalgiques de l'ancien régime de plus en plus nombreux dans le pays ?

Les deux opinions sont tout à fait plausibles.

Une stratégie de realpolitik à motivation électoraliste parce qu'il a aussi cherché à réhabiliter Lansana Conté. Celui qui l'avait pourtant emprisonné et conduit à l'exil forcé. Il organise entre les deux tours de la présidentielle de 2010, en hommage à la mémoire de son ancien ennemi, une lecture du saint coran sur la tombe de ce dernier à Moussaya dans Dubréka. Il fera pareil au mausolée de Sékou Touré à Conakry. Alpha Condé qui se fait appeler le « *Mandela de la Guinée*», met ces gestes au nom du pardon et au compte d'une prétendue réconciliation nationale qu'il voudrait de tout son vœu. On serait tenté de croire à sa bonne foi s'il n'avait pas essayé de dédouaner ses prédécesseurs des dérives politiques et économiques commises sous leur magistère ; s'il n'avait pas essayé de les réhabiliter sans un travail mémorial sur leurs dérives ; s'il n'avait pas renoué avec les pratiques dictatoriales de ses prédécesseurs.

Parfaitement conscient du caractère identitaire du leadership de ces prédécesseurs, Alpha Condé avait parfaitement calculé son coup, qui vise à rallier les masses populaires dans les ethnies Soussou et Malinkés, dans lesquelles, Lansana et Sékou sont toujours vénérés. Il déresponsabilise Lansana Conté des actes de son régime en arguant que celui-ci ne connaissait pas les complexités de la gestion d'un État faute de son niveau académique, mais qu'il a été plutôt induit en faute par ses collaborateurs, dont les anciens premiers ministres Sidya Touré et Cellou Dalein, ses principaux opposants. Il accuse la France d'être responsable de la radicalisation de Sékou Touré, qui l'aurait conduit dos au mur. Aussi, en assumant l'héritage de Sékou Touré, Alpha Condé cherchait à prendre l'avantage sur ses rivaux politiques dans le mandingue tels que Lansana Kouyaté et Ousmane Kaba. Les deux avaient plus d'encrages sociologiques et culturels que lui dans la communauté. Il ne faut pas oublier que dans le contexte social très conservateur en milieu malinké, le fait que le père d'Alpha Condé ne soit lié à aucune lignée aristocratique historique du Manding[1] avait été

---

[1] Originaire de Bobo Daoulas, il avait immigré en Guinée pendant la période coloniale

beaucoup instrumentalisé par ses adversaires ; Alpha Condé lui-même est né en Basse Guinée et grandi en France.

Son parti politique Rassemblement démocratique de Guinée – RPG, s'est fait sur les cendres de l'ancien parti unique, le PDG de Sékou Touré. En conséquence, pour paraître authentique dans sa nouvelle posture sékoutouréenne ; Alpha Condé se devrait se comporter comme celui-ci. Il doit rappeler Sékou Touré dans sa gestion du pouvoir, par la fermeté et l'intransigeance de son autorité. Alpha Condé renoue donc avec le modèle de rigidité du pouvoir de Sékou, qui aurait permis à ce dernier de faire régner l'ordre dans le pays, secret de la longévité de son régime : une intransigeance implacable face à toute contestation de son autorité et la vision messianique de l'autorité qui voudrait que le peuple soit ignorant et ne peut donc choisir ce qui est bien pour lui. Il déclare à ce propos à la télévision publique en 2021 « *les Guinéens sont comme des tortues. Il faut les chauffer pour qu'ils se bougent* ». Des pratiques caractéristiques du régime de Sékou Touré reprennent de tristes manières sous Alpha Condé, comme des arrestations arbitraires d'opposants, disparition forcée, intimidations, répressions sanglantes des manifestations, regain de discours souverainistes quand les organisations internationales et pays occidentaux dénoncent ses dérives.

Sur le plan économique, malgré une croissance économique appréciable soutenue par la rente de l'exploitation des ressources naturelles, la misère a continué crescendo, à cause notamment de la corruption, les détournements des deniers publics et une mauvaise redistribution des richesses créées. Les inégalités économiques et sociales qui se creusent ont instauré une situation quasi-insurrectionnelle dans le pays : des grèves, manifestations de rue, attaques contre les symboles de l'État… sont presque quotidiennes.

La désorganisation de l'État fait que, chaque choc est durement ressenti par le bas peuple ; par exemple, l'épidémie Ébola qui a frappé le pays en 2014 avait mis à nu les défaillances structurelles de la gouvernance du pays à tous les niveaux ; le régime n'a pas su tirer les bénéfices de la croissance économique pour investir dans les secteurs névralgiques tels que la santé publique et l'éducation. En guise d'illustration, la Guinée n'avait aucun laboratoire biomédical moderne capable d'analyser des échantillons liés à l'épidémie. Ensuite, la pandémie de coronavirus en 2020 avec ses mesures de restrictions est venue exacerber davantage la misère et la précarité de la population ; ses conséquences meurtrissent les ménages défavorisés, alors que le pays était censé être mieux préparé face à une telle crise pour avoir vaincu Ébola. Cela dénote le manque de vision à long terme du leadership d'Alpha Condé.

C'est dans ce contexte sociopolitique délétère conjugué à un marasme économique profond que Condé franchira le rubicond en briguant un troisième mandat alors que la constitution le lui interdisait. Le non-respect des règlements est l'une des caractéristiques des autocrates.

Par ailleurs, on est tenté de se demander face à tant de problèmes, de tensions sociales et politiques dans le pays, comment Alpha Condé a su se maintenir au pouvoir pendant onze longues années ? Deux choses peuvent l'expliquer :

Premièrement, comme dans toutes les dictatures qui cherchent à perdurer, il a su redistribuer les cartes du pouvoir entre les élites des groupes socio-ethniques pour atténuer les conflits autour de son pouvoir. Ce qui lui a été facilité à cause de l'émiettement ethnique et de la culture politique de la société guinéenne, évoqués tout au début de ce chapitre. Deuxièmement, il avait bâti son pouvoir sur un statuquo des rapports de force, qui étaient largement à son avantage parce qu'il détient les leviers du pouvoir (l'armée, la police, les décrets et l'économie) :

- La répression sans pitié de tout soulèvement populaire ;
- L'utilisation des menaces, intimidations et chantages contre les leaders et organisations contestataires de la société ;
- La coercition économique notamment la corruption et achats des institutions traditionnelles de la société et le clientélisme avec des élites politiques et économiques.

Le risque pour un régime fondé sur les rapports de force est que cela peut dégénérer à un moment en conflit ouvert entre les acteurs clé, quand certains sentent leurs intérêts menacés. C'est ce qui s'est passé dans les derniers mois du régime d'Alpha Condé.

Pour la répression des contestations et afin de parer aux coups d'État, il avait investi dans les unités spéciales au sein des Forces de défense et de sécurité. Elles sont mieux équipées, plus modernisées et bien formées que le reste des troupes de la Grande muette. En prenant le risque de donner un pouvoir disproportionné à une partie des militaires au détriment des autres par crainte d'un coup d'État, Alpha Condé avait apporté le mauvais remède à la maladie. Il sera renversé par l'une de ces unités spéciales qu'il a créée, à savoir le *Groupement des Forces Spéciales – GFS*.

Englué dans une contestation populaire contre son troisième mandat, il s'est empêtré dans un autre conflit, celui du partage du pouvoir entre ceux qui l'ont soutenu massivement, c'est-à-dire les forces politiques et militaires de sa propre mouvance. En voulant « *gouverner autrement* » alors que l'enrichissement illicite et le clientélisme sont ce qui lui permettait de tenir les rangs, il s'était créé des ennemis dans son propre camp. En réalité, vu son âge très avancé, quatre-vingt-deux ans à l'époque, les ténors de sa mouvance avaient commencé à se projeter dans une probable succession au pouvoir : les tensions étaient palpables notamment entre Damaro Camara qui avait réussi à se faire élire président de l'Assemblée nationale, donc le dauphin constitutionnel (alors que jusque-là Condé avait promis cette fonction aux minorités ethniques de la Région de la Guinée Forestière) et Mohamed Diané, le tout-puissant ministre de la Défense qui détient aussi le portefeuille « des affaires présidentielles », une sorte de fonctions de petit-président. Damaro s'était même attaché les services d'une société militaire privée russe pour assurer sa sécurité. Et Diané tentait lui d'émasculer l'autonomie des Forces spéciales dirigées par Mamadi Doumbouya futur homme fort du pays en essayant de les mettre sous le commandement de l'État-major des armées dominé par ses hommes, dont un de ses jeunes frères. Dans cette guerre de titans, le Premier ministre Kassory Fofana tente également de peser.

Cette folle lutte de pouvoir conduit finalement au triomphe de ceux qui disposaient l'avantage de la puissance des armes, Mamadi Doumbouya et ses hommes.

En outre, dans la lutte contre les dérives du régime, une nouvelle forme de leadership émerge dans la société, portée par les réseaux sociaux. Les mouvements qui les ont propulsés n'obéissent à aucune organisation hiérarchisée : la plateforme *Front national de la défense de constitution* – FNDC, fer de lance du mouvement anti-troisième mandat ; les *Forces Sociales* nées contre l'augmentation du prix du carburant en 2018 ; les mouvements *Wonkhai2020, Amoulanfé, Guinée Débout*[1] ou encore *Pas courant pas dort* créé contre les délestages électriques dans la ville de Kankan ; etc.

À l'inverse des organisations qu'on avait connues lors de la période de lutte de libération nationale, ces mouvements de la société civile ne sont pas dirigés ou guidés par un leadership incontesté à la manière de Sékou Touré, mais d'une multitude de « sous-leadership » dont les figures remarquées sont : Abdourahmane Sanoh, Oumar Sylla alias Foniké Mènguè, Takana Zion, Djanii Alpha, Sékou Koundouno, Ibrahima Diallo, Kalifa Gassama Diaby, Aliou Bah, Siaka Barry, Billo Bah, etc. Ils ont été auprès des leaders politiques traditionnels de l'opposition (Sidya Touré, Cellou Dalein, Lansana Kouyaté, …), les visages de la lutte contre l'autocratie d'Alpha Condé jusqu'à sa chute en septembre 2021. Et depuis lors, ces mouvements continuent la mobilisation et exigent une transition démocratique et la liberté pour les Guinéens de choisir leurs dirigeants. L'autre grande différence que marque cette nouvelle forme de leadership, portée par les mouvements sociaux par rapport au leadership traditionnel, est sa transversalité ethnique et sociale. En dépit de

---

[1] Ce mouvement deviendra un parti politique en 2019 dirigé par l'ancien ministre Siaka Barry.

leur diversité, ces leaders ne sont identifiables à aucune cause identitaire, grâce surtout du fait que la plupart sont issus de la société civile, donc pas candidats à une élection ; le combat qu'ils mènent et les messages portés transcendent tous les clivages.

Tout comme ses prédécesseurs, Alpha Condé est arrivé aux commandes de l'État guinéen sans aucune expérience dans la gestion des affaires publiques. Pour un pays, confronté d'énormes défis dans tous les domaines, l'expérience est un grand avantage. Mais comme un grand leader, on est tenté de dire qu'il aurait pu apprendre, s'adapter, car il a cherché ces fonctions toute sa vie. Tout au moins, il aurait pu s'entourer d'experts, de manager compétents pour l'aider à traduire sa vision en action. Si vision, il en avait. Mais c'est sans compter sur le caractère difficile et autoritaire d'Alpha Condé, qui ne délègue pas. Ne faisant confiance à personne, il veut tout contrôler, tout gérer alors qu'il n'avait pas toutes les compétences nécessaires. C'est l'exemple parfait d'un autocrate incompétent.

Le cas d'Alpha Condé nous enseigne toute la complexité de la formation du leadership. Son parcours d'opposant historique aux différents régimes autocratiques du pays ne laissait pas présager qu'il dirigerait aussi par les mêmes méthodes que ses prédécesseurs. La compréhension du parcours de l'individu n'est pas suffisante pour déceler de quelle forme de leadership, il peut incarner. La personnalité (le caractère), les émotions, la culture sociale et politique sont des paramètres à prendre en compte : sa formation idéologique et politique au sein des mouvements marxiste-maoïstes et ses ressentiments personnels marqués par des années d'exil et de prison ont forgé son caractère belliciste. Enfin, son incompétence lui a conduit dans une gestion clientéliste des affaires publiques pour masquer ses incapacités.

Le leadership militaire et la militarisation de l'État

Toute dictature tient sa force par le contrôle, l'affaiblissement, l'asservissement et la destruction des groupes et entités sociaux pouvant contester son autorité.

L'espace sociopolitique guinéen était animé pendant la période de lutte de libération nationale par une multitude d'organisations sociales indépendantes qui malgré leur caractère identitaire, étaient démocratiques. Elles ont joué un rôle crucial dans l'éveil des consciences du peuple. Leurs actions ont permis la désintégration du pouvoir colonial.

Le régime qui a succédé à la colonisation pour asseoir sa mainmise sur le pays et dans son projet de restructurer complètement la société s'est investi à contrôler et limiter l'autonomie de tous les centres du pouvoir dans la population comme dans les entités de l'État, dont l'armée.

L'irruption des militaires dans l'arène politique guinéenne en 1984 est une conséquence de l'échec du leadership de Sékou Touré, qui dans la crainte d'un coup d'État a essayé d'émasculer et d'idéologiser l'armée. Ce qui a, comme il fallait s'attendre, produit plutôt l'effet inverse : une armée fortement politisée et avide de pouvoir.

La politique de Sékou Touré avait marginalisé l'armée au profit de la « milice populaire », véritable armée parallèle constituée des jeunes militants de son parti ; purgé la grande muette de ses brillants commandants, dont le célèbre Kaman Diaby, artisan de la création de l'armée guinéenne. « *Le ver était dans le fruit* », dira le colonel Facinet Touré[1], parlant des conséquences de la politisation des corps habillés. Il explique dans le livre collaboratif *Mémoire collective* : « *Sékou Touré a politisé l'armée afin de mieux la contrôler. Un jour, on a créé les CUM, les Comités d'unité militaire. Le principe est simple. Le comité est élu par les soldats. Les simples soldats et les sous-officiers étant plus nombreux*

---

[1] Ancien Porte-parole du Comité Militaire pour le Redressement National, la junte qui a renversé le régime de Sékou Touré. Le Colonel Facinet avait passé plusieurs mois au camp Boiro pour ses protestions contre cette politique qu'il jugeait comme responsable du dérèglement de la chaine de commandement.

que les officiers, les soldats élisaient à la tête du CUM l'un des leurs, souvent un caporal. Les officiers et les commandants de camps devaient rendre des comptes au chef du CUM, c'est-à-dire au caporal. Quand l'autorité du camp donnait un ordre ou une instruction, il devait d'abord demander son avis au CUM. Si bien que la base contestait toujours les décisions des chefs. Quand un caporal est plus fort qu'un commandant ou qu'un capitaine, la discipline disparaît »[1] révèle-t-il. Dans *Le Pouvoir populaire*, l'une de ses œuvres, Sékou Touré justifie cette politique en ces termes : « *Tout soldat doit être un militant et tout militant, un vaillant défenseur de la patrie.* » Il indique plus loin que « *la vie militante doit être mieux organisée dans nos camps militaires (…). Chaque camp constituant un comité de base du PDG, les bureaux fédéraux et les comités directeurs doivent contribuer efficacement à l'éducation politique des camarades militaires. Des inspecteurs ont été nommés par le BPN [bureau politique national] pour assumer des tâches de contrôle politique et de formation idéologique des cadres et des soldats de notre armée»* [2] avait-il martelé.

La mise de l'armée sous tutelle du parti-État était motivée par la méfiance de Sékou Touré à l'endroit d'une institution trop libre, dont les commandants sont formés par la colonisation ; et aussi par la crainte d'un coup d'État. Une crainte amplifiée après le renversement de ses amis et homologues Kwame Nkrumah du Ghana en 1966 et Modibo Keita du Mali en 1968, avec lesquels il était idéologiquement très proche. C'était pour lui un moyen d'affaiblir les officiers militaires pour réduire leurs capacités d'action et éteindre en eux toute velléité de prise de pouvoir. Bref, l'armée a été placée dans les mains des médiocres dociles, des démagogues et de ceux qui étaient limités intellectuellement, car considérés moins ambitieux et plus zélés.

Comme toute politique de ce genre, les mesures de Sékou Touré produisent des mécontentements et des frustrations au sein des unités de l'armée. C'est ce ressentiment d'injustice et d'inégalité qui a été pleinement exploité par les putschistes pour rallier les troupes lors du coup d'État de 1984. Mais

---

[1] Mémoire collective, Histoires plurielles des violences politiques en Guinée, 2018 – page 216
[2] Ibid. Page 217.

malheureusement, en ce moment, à la tête du commandement militaire, il ne restait plus assez d'homme d'État. Mais qu'en est-il du soutien de la population à l'arrivée des militaires au pouvoir ?

Souvent, quand les luttes démocratiques civiles n'aboutissent pas. Quand les citoyens désespèrent de voir une dictature tombée du fait de leur impuissance face à l'armada de répression du pouvoir dictatorial, ils se tournent vers l'armée pour les libérer. C'est le moyen le plus rapide et le plus facile.

C'est donc en tant que libérateur et sauveur, que la clique de Lansana Conté a été accueillie dans les rues de Conakry et dans beaucoup de villes du pays à l'annonce de sa prise du pouvoir, le matin du 3 avril 1984, tout comme celle de Moussa Dadis le 23 décembre 2008 ou encore de Mamadi Doumbouya le 05 septembre 2021. Il ne faut donc pas voir en ces liesses populaires à chaque coup d'État comme une adhésion de la population à la méthode de gestion des militaires, mais comme une expression de soulagement, de tous les ressentiments, de toutes les frustrations, humiliations et exténuations accumulées des années sous le dictateur qui est tombé.

Ces joies et ces descentes massives et spontanées de la population dans les rues à l'annonce d'un coup d'État portent un message clair au dictateur déchu : *le peuple ne te soutient pas et ne t'avait jamais soutenu. Tu l'avais seulement empêché de l'exprimer.* Ce n'est pas donc le putschiste qui est célébré dans ces réjouissances dans les rues à chaque coup d'État, mais plutôt la chute d'un autocrate. Même s'il faut reconnaitre que c'est de cet apparent soutien populaire que se servent les juntes militaires pour se légitimer et confisquer plus tard le pouvoir.

Le leadership militaire s'est imposé de facto, parce qu'il a la force. L'armée prétextant être la gardienne de la constitution, se prévaut du droit de « nettoyer » le pays ; en justifiant son irruption dans le pouvoir politique par l'échec des régimes civils à faire face aux problèmes du peuple.

La Guinée, est aujourd'hui prise au piège du leadership militaire dans lequel, son armée fortement politisée, a pris goût des privilèges du pouvoir et qui n'est pas prêt à le relâcher facilement. Comment les forces pro-démocratie peuvent agir dans une telle situation pour réinstaurer un régime civil et démocratique ? Et quelle stratégie, à terme, pour défaire la gestion de l'État guinéen de l'influence des militaires (démilitarisation de l'État) ?

Le danger avec un coup d'État militaire est qu'il laisse *« une mauvaise distribution du pouvoir entre la population, l'élite au pouvoir et la force militaire »*[1] dit Gene Sharp. Ce chercheur explique pourquoi ceux qui luttent pour la démocratie ne devraient pas fonder leur espoir sur l'intervention de l'armée pour se débarrasser d'un dictateur. Bien que cela soit l'option la plus rapide et la moins couteuse ; les militaires *« peuvent aussi, être plus corrompus que ceux dont ils prennent la place. »*. Il met en garde : *« Après avoir consolidé sa position, la nouvelle clique peut se révéler plus impitoyable et plus ambitieuse que la précédente. Ainsi, malgré les espoirs qu'elle apportait, elle sera libre de faire ce qu'elle veut sans se préoccuper de démocratie ou de droits humains. Cela* [le coup d'État] *ne peut donc pas être une réponse acceptable au problème de la dictature. »* Explique-t-il. Il est donc illusoire de croire qu'on peut civiliser un régime militaire en coopérant avec lui.

Les Guinéens devraient se souvenir des plusieurs fois où ils ont été bernés par des fausses promesses des différents régimes militaires. La collaboration avec un tel régime est largement déterminée par les rapports de force. La question fondamentale est de savoir, quels moyens de pression disposent les forces démocratiques de la société pour faire de cette éventuelle collaboration un moyen d'atteinte des objectifs de démocratisation du pays ? Ce sont les militaires qui dirigent le pays depuis près de trente ans si vous en retirez la décennie d'Alpha Condé. Les expériences nous enseignent que s'accommoder et coopérer avec les pouvoirs militaires ne peuvent en aucun cas être la garantie ni d'un développement économique ni d'une démocratisation du pays :

---

[1].De la dictature à la démocratie : un cadre conceptuel pour la libération, Gene Sharp, Institution Albert Einstein. Traduit de «From Dictatorship to Democracy»,Dora Atger, Harmattan, 2009, p.26,27

- Colonel Lansana Conté (vingt-quatre ans), rappelez-vous de combien de fois, il acceptait de négocier et de nommer des premiers ministres civils quand il était dos au mur avant de s'en débarrasser une fois qu'il réussissait à reprendre le contrôle de la situation ;
- Capitaine Moussa Dadis Camara (onze mois), nous a offert la répression la plus sauvage d'un mouvement démocratique au vingt-et-unième siècle ;
- Général Sékouba Konaté (treize mois), venu au pouvoir à la suite d'un accord avec le Forum des Forces Vives (mouvement regroupant les forces pro-démocratie) nous a conduit à un hold-up électoral inédit, la conséquence est le retour des militaires au pouvoir dix ans plus tard ;
- Colonel Mamadi Doumbouya (depuis septembre 2021), impose au pays les restrictions de liberté les plus durcies depuis la chute du régime révolutionnaire de Sékou Touré, alors que son coup d'État avait été soutenu et légitimé par les mouvements pro-démocratie.

Les mesures que ces régimes militaires ont prises pour asseoir leur autorité ont consacré la militarisation de l'État et de l'administration publique : des nominations des militaires à toutes les fonctions dévolues en temps normal aux civils (ministre, ambassadeurs, gouverneurs, préfets, sous-préfets, etc.) et subordination de toutes les actions publiques aux désirs dératas des forces armées.

En affirmant être en mission de sauver le pays, l'armée se donne la légitimité d'être le seul corps de la société guinéenne capable de décider, d'assurer la sécurité et de guider le peuple vers le progrès. Mais nul n'ignore que si la Guinée est dans un état de déliquescence et d'instabilité endémique aujourd'hui, c'est en partie à cause de ce système militariste et mafieux que ses régimes militaires ont instauré dans le pays.

Quoique, la Guinée n'est pas le seul pays à avoir connu un long règne des militaires au pouvoir, le Ghana, le Nigeria en ont le record. Alors comment ont-ils pu réussir à réinstaurer un régime démocratique stable dans leurs États ?

Je pense que, la différence se trouve dans la conception même du leadership dans les différentes armées. Je n'irai pas dans une étude comparative de la constitution des armées dans nos pays, mais partant du constat que j'ai évoqué dans les premiers paragraphes de ce titre, à savoir, la marginalisation et le mépris de l'armée sous le Premier régime en Guinée, cela a construit une perception négative du corps habillé en Guinée.

L'armée et la police en Guinée, c'est pour ceux qui sont chargés de la sale besogne. Une culture qui voudrait que ces corps soient réservés qu'aux rejetons et renégats de la société, les brutes et les cancres aux physiques forts qui ne réfléchissent et n'agissent que par la force et la violence. Dans les familles guinéennes, c'est ce garçon dont la scolarité a échoué qui est envoyé dans l'armée ou dans police, c'est cette fille costaude aux mœurs douteuses dont personne ne voudrait épouser qui songe à l'armée. De ce fait, l'armée guinéenne s'est remplie des moins instruits, de peu de génies, des gens avec peu de conscience politique et surtout des cupides et revanchards d'une société qui les avait méprisé. Les intellectuels et ceux qui ont une conscience politique mûre y sont marginalisés et réduits au silence face à une horde de brutes. Aussi, avec sa prise du pouvoir en 1984, l'armée est devenue comme un ascenseur social rapide pour certaines catégories d'individus. Des officiers qui ont vite accumulé des richesses et du pouvoir ont cherché à renforcer les rangs par népotisme : les jeunes désœuvrés de leurs familles et de leurs villages sont massivement recrutés dans l'armée. Ceux-ci sont privilégiés pour obtenir des bourses de formation dans les grandes écoles militaires aux frais du contribuable alors qu'ils n'ont aucun mérite. De la sorte, l'armée en Guinée est une d'école de seconde chance pour de nombreux jeunes qui n'ont de réussite ni à l'école ni dans un autre métier.

À présent, étudions cas par cas, le caractère du leadership des différents militaires qui ont dirigé le pays.

- ***Le colonel Lansana Conté, le « démocrate » en treillis***

L'échec du système économique du collectivisme et le régime du parti unique a amené les successeurs de Sékou Touré à rompre avec ce modèle et aller vers le libéralisme.

Le contexte historique imposait cette rupture. Affaibli par la guerre froide, le bloc de l'Est auquel la Guinée s'était alliée n'offrait plus de perspectives rassurantes dans les années 1980. Ainsi, en 1990, la Guinée tourne la page du socialisme et se dote d'une nouvelle constitution qui consacre les libertés politiques et économiques. Et l'homme qui incarnait ce changement, s'appelle Lansana Conté. Ancien soldat dans l'armée coloniale française, Lansana Conté avait choisi de rejoindre l'armée guinéenne après l'indépendance où il gravit tous les échelons. Avant son coup d'État, il était colonel, occupait le poste de chef d'état-major adjoint de l'Armée de Terre et membre du comité central du PDG, le parti unique.

Lansana Conté a vu le jour en 1934 dans un petit village de Dubréka en Basse Guinée. Il est recruté et formé dans l'armée dès son jeune âge ; sa conscience politique est façonnée dans le moule idéologique du régime sékoutouréiste dans lequel aucune once de contestation de l'autorité n'était permise. Mais une fois au pouvoir, Conté avait choisi un modèle politique à l'opposé de son ancien mentor. Pourquoi ?

La fin de la bipolarisation idéologique du monde dans les années 80 n'a laissé de choix aux dirigeants de la plupart des pays du tiers-monde que de s'engager sur la voie du libéralisme économique et de la démocratie. Encore, il convient de rappeler que la répression sanglante des opposants et les purges perpétrées au sein de l'armée sous Sékou Touré avaient engendré un sentiment de frustration et de rancœurs au sein de la population et de l'armée ; qui ne pouvait être apaisé que par un démantèlement de l'ancien régime.

Cependant, bien qu'il ait institué librement un système politique pluraliste et la liberté de presse dans le pays, Conté va avoir tout le mal à respecter et à s'accommoder avec les principes de la démocratie et du libéralisme. Malgré une relative liberté politique retrouvée et l'apparition d'une presse indépendante, dans le fond le pays était toujours dirigé par un leadership autoritaire centré sur le culte de la personnalité. La légitimité du leadership militaire de Lansana reposait quasiment sur les mêmes piliers que son prédécesseur (coercition par la force et l'argent, l'ethno-stratégie, les traditions et la religion).

Il fera emprisonner régulièrement ses opposants qu'il accusait d'être à la solde des puissances étrangères. Une rhétorique que son prédécesseur Sékou Touré utilisait également.

Ce caractère du refus de compromis face aux adversaires politiques et le nationalisme exacerbé forment le trait commun entre le leadership du révolutionnaire de Sékou Touré et celui du militaire Lansana Conté.

Mais comment le leadership de Conté avait-il émergé ?

L'histoire raconte qu'après que l'armée ait décidé de prendre le pouvoir à la suite de la mort de Sékou Touré, elle n'était pas en mesure de décider, de qui allait devenir le leader du pays. Des rivalités existaient. C'est ainsi que les putschistes décidèrent de consulter les chefs traditionnels et religieux du pays. Ces derniers auraient conseillé de choisir le plus gradé parmi les meneurs ; et c'était le colonel Lansana Conté. Ce qui confirme mes arguments sur l'influence des autorités traditionnelles et religieuses et aussi du mysticisme dans l'émergence du leadership en Guinée. Encore, Conté en tant que soldat avait réussi à imposer son leadership au sein de l'armée, grâce à ses faits d'armes ; il a participé notamment aux guerres d'Algérie (avant l'indépendance) et de Guinée-Bissau (contre les colons portugais). Il a coordonné la défense des Iles de Loos à Conakry lors de l'agression portugaise en 1970.

Par ailleurs, la période de son règne avait coïncidé à un contexte de trouble dans la sous-région ; quasiment tous les pays voisins de la Guinée faisaient face à des conflits armés : la guerre de Sécession casamançaise au Sénégal ; les guerres civiles au Liberia, en Sierra Leone puis en Côte d'Ivoire ; les coups d'État incessant en Guinée-Bissau. Dans une telle situation, Conté, pour sa capacité de chef militaire apparaissait comme le rempart pour protéger l'intégrité territoriale du pays et sa stabilité. Ce qu'il réussira vaillamment, mais en conséquence, cela va exacerber son messianisme ; il s'accrochera à cette croyance que sans lui, la Guinée va basculer dans le chaos comme tous ses voisins. Il bénéficie de ce fait du soutien des puissances occidentales qui s'appuient sur son régime non seulement pour combattre les groupes armés des sanglantes guerres du Liberia et de la Sierra Leone, mais aussi pour contenir et accueillir les milliers de réfugiés et de déplacés de ces conflits.

Conté avait le soutien de l'armée, parce que logiquement, il était de cet appareil, mais aussi grâce au fait qu'il ait remis en selle ses hommes et ses femmes autrefois méprisés. Les officiers militaires qui étaient jusque-là marginalisés et mal payés se sont retrouvés à occuper des fonctions administratives et politiques avec des avantages économiques et financiers considérables, qui leur donnent un train de vie nettement supérieur à la limite du luxe. Et comme il fallait s'y attendre, Lansana Conté et ses compagnons vont dévier de leur promesse de démocratie. La corruption gangrène le pays et le régime se durcit de plus en plus.

Et ironie du sort, c'est au sein de cette même armée que va sonner le déclic qui marque un tournant dans l'histoire politique du pays.

En effet, L'enrichissement ostensoir des officiers supérieurs et la corruption dans la hiérarchie militaire avaient créé un malaise et des mécontentements au sein des troupes, où les soldats pataugeaient encore dans la misère avec des arriérés de solde non payés. En février 1996, une mutinerie éclate dans les casernes et se mue en une tentative de putsch. Les mutins bombardent le palais présidentiel. Conté, qui s'en est sorti miraculeusement, comprit qu'il doit changer de cap pour sauver son pouvoir. Il accepte de se faire assister d'un Premier ministre civil et technocrate, au pouvoir étendu. Cela va ouvrir une période nouvelle dans la politique guinéenne, qui connaît beaucoup de Premiers ministres ; ce qui a donné un sens nouveau aux fonctions de ce poste dans l'imaginaire collectif guinéen.

Le leadership de Sidya Touré et l'époque des Premiers ministres :

En 1996, acculé par une crise militaire, qui a débouché sur une mutinerie et par une pression sociale sans précèdent due à un marasme économique conjugué à une inflation galopante Conté va se résoudre à nommer un Premier ministre civil auquel il concède une partie de son pouvoir, du moins pour un temps. Poste vacant depuis 1985 ; il choisit Sidya Touré pour l'occuper avec les prérogatives de chef du gouvernement et la mission de mener des réformes structurelles et économiques pour sauver le pays de la faillite. Cet ancien haut cadre de l'administration publique ivoirienne est formé à l'École Nationale du Trésor de Paris (France). Sidya Touré a occupé les fonctions de Directeur de cabinet du Premier ministre Alassane Ouattara (actuel président ivoirien) de 1989 à 1993.

Reconnu pour sa rigueur dans la gestion et son sens du dialogue et du réalisme politique, Sidya Touré dès sa prise de fonction et avant l'annonce de sa politique générale lance une vaste concertation avec les acteurs sociaux politiques du pays. Il les écoute et leur expose la situation catastrophique des finances publiques et leur explique sa vision pour sortir de la crise. Une démarche qui va largement contribuer à apaiser les tensions qui prédominaient dans le pays.

Alors que les Guinéens, face à leurs revendications et préoccupations, n'étaient habitués qu'aux diktats de leur classe dirigeante ; ils trouvent en Sidya Touré un nouveau genre de leadership, qui suscite l'espoir.

Il est important de souligner le parcours atypique de Sidya Touré. Il avait quitté très jeune la Guinée dans les années 1960 à la suite de la vague de répression contre le syndicat des enseignants, qui revendiquaient un droit légitime à de meilleures conditions de travail. Le régime de Sékou Touré les avait accusés de comploter contre le nouvel État indépendant. Des leaders syndicaux et enseignants, dont Koumandian Keita, Djibril Tamsir Niane, ..., sont arrêtés et condamnés à des peines de prison lourdes. Les lycéens organisent alors des mouvements de protestation en soutien à leurs encadreurs. Ils sont réprimés dans le sang, et les chefs de classe arrêtés et incarcérés dans des camps militaires où ils passèrent plusieurs mois en détention. Sidya Touré était l'un de ces élèves leaders ; il n'avait que quatorze ou quinze ans. À sa sortie de prison, ses parents décident de le faire exiler en Côte d'Ivoire. Cet épisode difficile a sans doute contribué à façonner le sens de l'écoute et d'empathie chez Sidya Touré. Il comprend le lourd poids de l'injustice et mesure profondément les retombés du mépris des dirigeants envers les gouvernés. L'autre particularité qui caractérise ce leadership que Sidya Touré incarne, est le pragmatisme dans les prises de décision. Celles-ci ne sont pas guidées par des calculs politiques et par une vision court-termisme pour servir des groupes d'intérêt, mais par la volonté de créer une valeur durable. Ainsi, en six mois, il va impulser une nouvelle donne à la politique économique du pays centrée sur un programme libéral et un nouveau paradigme dans l'administration publique orientée vers le résultat et la volonté de servir les citoyens.

Comme annoncé au tout début de la première partie, les leaderships sont influencés par leur époque et la culture de la société qui les engendre. Ainsi, il est tout fait logique que le pragmatisme de Sidya Touré soit façonné à travers sa longue carrière dans la haute sphère de l'administration ivoirienne aux côtés des leaders comme Houphouët-Boigny, Alassane Ouattara, Charles Konan Banny ... ; par ses années de collaboration dans des institutions internationales comme le Fond Monétaire International – FMI, la Banque Mondiale et aussi par son sens des affaires qu'il a développé au cours de ces nombreuses fonctions à la tête des entreprises publiques et banques ivoiriennes, où il était dans la plupart des cas en mission de sauvetage et de redressement.

Les réformes économiques réalisées sous le leadership du Premier ministre Sidya Touré ont favorisé des résultats immédiats et tangibles : développement des investissements privés par une réforme fiscale attractive ; l'économie retrouve une croissance stable et soutenue (entre 4 et 5 %) ; le déficit budgétaire est maîtrisé autour de 5% et l'inflation jugulée en dessous de 3%. Les salaires progressent et le franc guinéen s'apprécie considérablement pour mille francs contre un dollar. La gestion rigoureuse de la dette et des dépenses publiques fait bondir des recettes de l'État lui permettant ainsi d'investir dans les secteurs-clés : l'eau, l'assainissement, l'électricité, l'agriculture, le développement des voiries urbaines, etc. Les résultats sont tout de suite visibles, car la qualité de vie de la population guinéenne a connu une amélioration significative, et les perspectives étaient encore plus encourageantes.

Sidya Touré doit également ce bilan grâce à la qualité de l'équipe gouvernementale qu'il avait constituée. On reconnaît les grands leaders par le choix de leurs collaborateurs. Ils sont des détecteurs de talents et travaillent à leur transmettre la fibre du leadership. Ainsi, de cette équipe du gouvernement de 1996 – 1999, constitués majoritairement des jeunes, ont émergé beaucoup d'autres leaders jusque-là inconnus du grand public ; ils deviendront des premiers ministres, des députés et des candidats sérieux à la présidence de la République. Parmi eux, nous avons : Cellou Dalein Diallo, Kassory Fofana, Ousmane Kaba, Saran Daraba Kaba, Madi Kaba Camara, etc. Il s'engage lui-même dans un parti politique après son départ du gouvernement et après un bref passage dans les organisations de la société civile. Il se présente deux fois à l'élection présidentielle et hisse son parti comme l'une des trois premières forces politiques du pays. Ce qui en soi, est une prouesse quand on sait que Sidya Touré est issu d'une ethnie ultra minoritaire (les diakhakés) dans un pays où les choix politiques d'une large partie de la population sont motivés par l'appartenance ethnique du leader. Cette ascension de son parti sur l'échiquier politique témoigne aussi de la capacité de son leadership à transcender ces clivages ethniques.

En outre, bien que les résultats économiques de la méthode Sidya aient permis à Lansana Conté de se faire réélire largement pour un second mandat en décembre 1998, elle n'a pas atténué le penchant autocrate de l'homme du 3 avril. Les démons du régime se réveillent lorsque l'un des principaux opposants,

Alpha Condé, est arrêté et emprisonné. Sidya Touré, qui a exprimé sa désapprobation face à cette situation, est isolé et dépouillé de certaines de ses prérogatives. Bien qu'affaibli, il s'accroche à l'idée qu'il peut encore faire modérer le régime. C'était sans compter sur toutes les pesanteurs politico-ethniques qui entourent le pouvoir en Guinée. Il sera limogé en mars 1999.

Il faut admettre qu'en réalité Conté n'a jamais su cohabiter avec ce Premier ministre de forte personnalité qui, de surcroît, la popularité grandissait sans cesse et avec elle une ambition politique. Il le remplacera par Lamine Sidibé plus enclin à s'accommoder avec son autoritarisme.

Les progrès économiques engrangés sous la primature de Sidya Touré vont s'effriter et perdre leur cohérence quelques mois après son départ, à cause surtout de la non-poursuite des réformes et le manque de rigueur budgétaire. La corruption et le détournement des deniers publics s'érigent en mode gouvernance.

À cela, va s'ajouter la crise sécuritaire née à la suite des incursions rebelles aux frontières sud du pays, venues de la Sierra Léone et du Liberia.

En 2003, arguant, vouloir maintenir la stabilité face au défi sécuritaire lié à l'agression rebelle, Conté se présentera à un troisième mandat après une réforme constitutionnelle controversée qui a fait sauter le verrou de la limitation de mandat. Ce forcing, visant uniquement à conserver le pouvoir, plonge le pays dans une crise politique, qui, conjuguée à un marasme économique sans précédent ouvre une période d'instabilité chronique dans le pays. Rien n'y changera en dépit de plusieurs changements de gouvernement et de premier ministre.

La nomination de Sidya Touré et le succès de sa politique avaient donné une nouvelle dimension au poste de Premier ministre dans le pays, dont les fonctions étaient jusque diluées dans l'ombre de la forte personnalité du chef de l'État. Devenu stratégique, on assiste à la suite de Sidya Touré, à la nomination successive de six premiers ministres. Parmi eux de fortes personnalités qui deviendront des acteurs clé de la vie politique guinéenne : Lounceny Fall, Cellou Dalein Diallo et Lansana Kouyaté.

Lounceny Fall, ancien chef de la diplomatie, respecté pour son intégrité, est nommé Premier ministre en février 2004.

Il démissionne deux mois, plus tard, invoquant l'impossibilité de travailler avec Lansana Conté. Sa nomination avait pourtant suscité d'énormes espoirs. Son sens de la diplomatie a été bien apprécié lorsque que la Guinée présidait le Conseil de Sécurité des Nations-Unies en 2003 ; il a courageusement défendu la position de la Guinée, qui était contre la guerre. Cet épisode lui a donné une notoriété nationale qui ne lui a pas pourtant permis de faire évoluer le régime quand il est devenu Premier ministre.

Cependant, son courage, de démissionner quand il a compris qu'il ne pouvait reformer le régime lui a valu une forte notoriété. Ce que Sidya Touré n'avait pas fait ni d'ailleurs tous ceux qui ont occupé cette fonction après. Il s'engagera aussi en politique et se présentera à la présidentielle de 2010.

Cellou Dalein Diallo lui succède le 9 décembre 2004. Ce pur produit de l'administration publique guinéenne qui s'est révélé au public excellent cadre dans le gouvernement Sidya Touré en occupant successivement les postes du ministre des Transports et celui de la pêche et de l'élevage s'attelle à poursuivre les réformes sectorielles du pays. Le régime redevient fréquentable sur le plan international. On renoue avec la croissance économique et l'espoir.

Mais Cellou se heurte à son tour à la rigidité du régime et de l'establishment identitaire autour du pouvoir. Il est limogé au bout de deux ans, en avril 2006 pour faute lourde, lorsqu'il a tenté de remanier le gouvernement. En effet, Cellou Dalein savait, qu'aucune de ses reformes n'aboutira sans une équipe compétente et solide autour de son leadership. Il envisage donc un remaniement ministériel avec la volonté de faire entrer dans le gouvernement des personnalités compétentes et soumises à son autorité, car Conté malade ne contrôlait plus grande chose.

Seulement que dans une ambiance de fin de règne, avec un Conté affaibli par la maladie, les clans de la mouvance présidentielle tentaient de sauver leurs privilèges. Les protagonistes, pour la plupart des proches parents de Conté, s'employaient à placer leurs hommes à des postes stratégiques de l'État. Dans cette configuration, ils ont vu dans la tentative de remaniement ministériel de Cellou Dalein comme une volonté de leur couper l'herbe sous les pieds.

Bien qu'aucune raison précise n'ait été officiellement évoquée motivant ce limogeage, la presse à l'époque avait clairement parlé de « guerre de clan » au sommet de l'État. Une guerre de clan alimentée par la rivalité entre les épouses du vieux président et leurs proches disséminés un peu partout dans les instances de prise de décisions du pays.

Cellou Dalein s'engagera également en politique dès 2008. Trois fois candidats à l'élection présidentielle, son parti est crédité lors des dernières élections de près de quarante pour cent des voix. Descendant de l'aristocratie peule de Labé, petit-fils de marabout, Cellou Dalein est un leader naturel dans la société conservatrice du Fouta. Son principal défi aujourd'hui dans sa quête du pouvoir est comment changer cette perception d'une grande partie de l'opinion qui ne le voit pas comme un leader national, mais comme celui de sa communauté ethnique. Va-t-il réussir à le relever ? Le temps nous le dira.

Lansana Kouyaté devient Premier ministre en 2007 à la suite d'un mouvement insurrectionnel populaire qui a duré deux mois. Mené par les syndicalistes et les partis politiques de l'opposition démocratique, ce mouvement, connu, sous le nom des « *événements de janvier et février* », aurait pu emporter le régime sans le soutien sans faille de l'armée. Bien que le mouvement ait été déclenché à cause du marasme économique et de la vie chère qui frappaient de plein fouet la population ; la principale revendication était la mise en place d'un gouvernement de « *consensus* », transitoire et dirigé par une personnalité nouvelle qui n'a jamais été citée dans un scandale de détournement des biens publics.

Dans le but de calmer ce mouvement Lansana Conté, accepte de nommer un Chef du gouvernement au pouvoir élargi, désigné par les organisations syndicales et politiques qui dirigeaient la contestation. Le choix sur Lansana Kouyaté a été largement partagé, car il n'avait auparavant appartenu à aucun gouvernement du pays. Sa longue carrière dans les institutions internationales lui a donné une grande notoriété et son sens de communication très doué a fini par mettre toutes les parties prenantes d'accord sur son choix. Il met aussitôt en place, un gouvernement de « consensus national » et entame à son tour des réformes structurelles importantes à la fois politique et économique dont entre, autres l'unicité des caisses publiques, la maîtrise du déficit public, la mise en place d'un organe de gestion des élections totalement indépendant et l'établissement d'un fichier électoral biométrique, etc.

Mais comme ce fut pour Cellou Dalein Diallo, les directives de Lansana Kouyaté se heurtent au refus de collaboration des membres du système despotique autour du vieux président affaibli par la maladie. Il tente sans succès à plusieurs reprises de faire passer des décrets pouvant renforcer ses prérogatives afin d'avoir la main libre dans ces décisions. Malgré son soutien par l'opinion publique et les forces démocratiques, il est affaibli par l'usure du temps et par le non-tenu des promesses économiques que sa nomination avait suscitées. Il est limogé au bout de quinze mois. Il entrera aussi en politique et fait du parti qu'il a créé, l'une des principales formations politiques du pays.

En plus de ces plus célèbres premiers ministres, le régime de Conté a connu d'autres comme : Ahmed Tidiane Souaré et Eugène Camara. Ils ont tous essayé de renouer le pays avec l'espoir suscité auparavant par le gouvernement Sidya, mais se heurteront à l'autocratie du leadership du vieux soldat Lansana Conté, qui même sous la maladie (il souffrait de diabète), n'a rien voulu céder de son autorité. Difficile de concilier l'esprit militaire et les principes de la démocratie.

Toutefois, grâce à la libéralisation de l'économie que le régime avait permise, il y a eu l'émergence en cette période, de grands entrepreneurs et hommes d'affaires ; c'est la naissance du leadership entrepreneurial, qui influence aujourd'hui considérablement la vie publique guinéenne. On peut citer, Mamadou Sylla ancien patron des patrons de Guinée et homme politique, Kerfala Camara dans le bâtiment et les travaux publics, Antonio Souaré dans le jeu et pari sportif, Diallo Sadakadji et Roda Fawaz dans le commerce du riz et des denrées alimentaires, Mamadou Saliou Kagneko dans l'agro-industrie, Lamine Guirassy dans les médias, etc. Aussi, le multipartisme politique et la libéralisation de la presse ont permis l'émergence des organisations de la société civile et des leaders politiques très remarqués et divers : Bâ Mamadou, Siradiou Diallo, Alpha Condé, Sidya Touré, Cellou Dalein, Lansana Kouyaté en politique ; Rabiatou Sarah, Ibrahima Fofana dans le Syndicalisme et Ben Sékou Sylla dans la société civile.

Lansana Conté décède le 22 novembre 2008 à soixante-quatorze ans et après un quart de siècle de pouvoir. Comme celui de Sékou Touré, le régime de Conté ne survivra pas à lui. Contrairement à ce que la loi fondamentale prévoyait, un nouveau régime militaire autoritaire dirigé par un jeune capitaine, Moussa Dadis Camara le remplace aussitôt que sa mort fut annoncée. Que valent les lois dans un système politique autocratique ? Pas grande chose.

- *Le capitaine Moussa Dadis Camara, le sulfureux*

Le capitane Moussa Dadis Camara, a lui aussi été modelé dans l'ombre de celui qu'il considère comme son mentor et père spirituel, Lansana Conté. Dans la gestion du pouvoir, il va se révéler un digne héritier de ses prédécesseurs. Il exprimera d'ailleurs plusieurs fois, sa satisfaction et sa fierté d'avoir servi Lansana Conté, et il rêvait sans doute de rester longtemps au pouvoir comme lui.

Moussa Dadis est cet autre leadership self-made. Mais contrairement à Conté, il ne disposait pas de légendes et de faits d'armes militaires autour de sa personnalité, car il est de la bureaucratie de l'armée. Il a plutôt profité de ses fonctions de chef de l'Intendant des hydrocarbures des Forces armées pour émerger comme leader aux yeux des hommes de rang. Il fait preuve de largesses financières et en carburants envers les sous-officiers et les soldats de rangs des unités les redoutées de l'armée. Une sorte de corruption ou d'achat de conscience très utilisée par les leaders guinéens. Toutefois, cela lui donne la notoriété d'officier bienveillant et gentil. Ainsi, après l'annonce de la prise du pouvoir et lors de la négociation entre les unités de l'armée sur qui sera désigné chef de l'État, ce sont les soldats et sous-officiers qui imposent le capitaine Moussa Dadis comme président.

Originaire du sud du pays dans la région de Nzérékoré, le capitaine Dadis est né en 1964 ; il est catholique à la tête d'un pays très conservateur où les chefs religieux musulmans (imams et marabouts) exercent une influence incontournable dans la légitimé d'un leader politique. Conscient de ce handicap, il se met dès les premiers jours de sa prise du pouvoir à afficher sa proximité avec les chefs religieux qu'ils invitent régulièrement dans son fameux programme télé, surnommé « Dadis show » où il met en scène sa colère dans une sorte de procès publique contre les anciens dignitaires du régime Conté.

Les récits racontés lors du procès des événements du 28 septembre témoignent également d'une influence du mysticisme sur l'homme. En effet, les coaccusés du capitaine Dadis ont régulièrement cité un mystérieux féticheur du nom de Foromo qui jouait le rôle de conseiller mystique au palais à la manière du Raspoutine du Tsar Nicolas de l'Empire Russe.

Issu d'une minorité ethnique, les Kpèlè et d'une région généralement à l'écart des querelles du pouvoir, le leadership de Dadis souffre de ce complexe d'être considéré moins légitime que ces autres compagnons d'armes notamment les Généraux Toto Camara (soussou) et Sékouba Konaté (malinké) respectivement deuxième et troisième homme de la junte. Ce sentiment va instaurer une méfiance permanente chez Moussa Dadis vis-à-vis de ses collaborateurs.

La caractéristique commune entre Dadis et Conté se trouve dans cet obscur sentiment de complexe d'être moins légitime, le premier, à cause, de ses origines et son manque de charisme et le second pour son niveau académique soldatesque et du fait qu'il ait succédé à Sékou Touré, un leader historique dont le charisme transcendait les frontières au-delà de l'Afrique. Le problème d'un individu qui a ce complexe est que la moindre contradiction que vous lui opposez nourrit sa rancœur et sa méfiance. Et plus sa méfiance grandit plus il devient agressif, voire violent. Le contexte social, ses croyances et son caractère impulsif, produisent en Dadis Camara toute une paranoïa qui a conduit à la tragédie du 28 septembre 2009. Ce jour-là, plus de cent-cinquante opposants furent massacrés par coup de feu et de baïonnette et des centaines de femmes violées dans un stade à Conakry.

Des actes attribués à la garde présidentielle et des soldats proches de Dadis Camara.

En effet, Moussa Dadis Camara après avoir promis d'organiser les élections et de céder le pouvoir aux civils avait menacé de se rétracter et de se porter candidat comme l'avait fait Lansana Conté quinze ans plus tôt. Mais il avait oublié que les temps ont changé, la société guinéenne désabusée par les vingt-quatre ans de règne de Lansana Conté est devenue hostile à tout nouveau pouvoir militaire. C'est pourquoi les Guinéens ont répondu massivement à l'appel à la manifestation des partis politiques et de la société civile le 28 septembre 2009 dans le stade du même nom. Paniqué et apeuré par l'idée d'une insurrection populaire, le régime envoie des militaires pour réprimer dans le sang la manifestation pacifique. Le procès organisé quatorze ans plus tard, pour ces crimes, place dans le box des accusés Dadis Camara et plusieurs de ses proches. Les témoignages à la barre illustrent les velléités identitaires du régime, qui a essayé à l'instar de ses prédécesseurs de se reposer sur les élites civiles et militaires de la région d'origine du leader. Les recrutements qu'il organise dans l'armée favorisent essentiellement les jeunes de cette contrée, les fameuses « recrues de Kaleah ». Moussa Dadis tentait par cette manœuvre, de renverser l'équilibre des épreuves de force communautaire au sein des forces armées. Celles-ci étaient nettement en faveur de ses rivaux, le général Toto et le général Sékouba. Sa tentative a créé plutôt un repli identitaire et renforcé le sentiment de méfiance au sein des troupes. Chaque officier supérieur amassait ses hommes fidèles comme pour se préparer à un clash imminent. On assistait là encore au morcellement identitaire de l'armée.

Moussa Dadis est renversé deux mois après les événements du 28 septembre (03 décembre 2009) après un attentat contre lui, perpétré par son aide de camp, Toumba Diakité. Signe des tensions et de la cacophonie qui régnaient autour du régime.

- ▪ *Général Sékouba Konaté, le cupide*

Le général Sékouba succède à Dadis Camara comme Président de la transition en janvier 2010. Sous la pression internationale et des forces vives du pays, il accepte d'organiser les élections et de quitter le pouvoir au bout de six mois. Le 27 juin 2010 se tient le premier tour de la présidentielle qui connaît une très forte mobilisation des Guinéens motivés par l'idée d'avoir cette fois-ci le pouvoir de choisir librement et pour la première fois leur Président. Une espérance déçue par des résultats officiels qui pour une frange importante de l'opinion publique ne reflètent pas le choix populaire.

En effet, selon ces résultats, arrive en tête l'ancien Premier ministre Cellou Dalein avec trente et neuf pour cent des voix, suivi de l'opposant historique Alpha Condé avec vingt pour cent des voix puis de l'ancien Premier ministre Sidya Touré (troisième position) crédité de quinze pour cent des voix. La qualification d'Alpha Condé au second tour est contestée et beaucoup de révélations sèment le trouble quant à la partialité du président de la Transition, Sékouba Konaté. Son intervention directe auprès du président de la Commission électorale, Ben Sékou Sylla, aurait permis d'inverser l'ordre d'arrivée en faveur d'Alpha Condé, alors que les résultats compilés par l'institution plaçaient plutôt Sidya Touré au second tour. Une accusation que Konaté admet en partie en reconnaissant être intervenu auprès du président de la commission électorale, non pas pour changer les résultats en faveur d'Alpha Condé, mais pour rétablir la vérité des urnes.

Mais s'il avait une quelconque contestation des résultats, n'était-ce pas à la Cour Suprême d'intervenir comme le prévoit la loi ?

Sékouba Konaté n'était donc pas différents de ses prédécesseurs ; se substituer aux institutions et considérer que le peuple est incapable de faire un bon choix caractérisent les autocrates. Malheureusement, cet acte de Sékouba Konaté a créé un précédent dans le pays, affaibli les institutions de la République et délégitimer les élections dans l'opinion publique. Intriguant ! C'est Alpha Condé qui remporte le second tour tenu quatre mois après, au lieu de deux semaines prévues par la constitution. Une victoire par une « *remontada électorale* » spectaculaire de dix-neuf points de retard qu'il avait au premier tour ; inédit dans l'histoire des élections au suffrage universel. Il apparait très clair, que la transition militaire avait favorisé l'élection d'Alpha Condé. Mais pour quel intérêt ?

Pour une frange de l'opinion publique, l'on croit tout fermement à la thèse d'un arrangement ethnique, un passage de pouvoir entre deux Malinkés. Konaté aurait subi la pression des autorités traditionnelles de son ethnie pour faire gagner Alpha Condé à tout prix. Ce qui est tout à fait plausible, tant la peur d'un pouvoir peul est répandue dans l'imaginaire collectif des Malinkés. Ceux qui soutiennent cette théorie évoquent cette fameuse visite d'une forte délégation de la très secrète confrérie des « donsos », celle dont était issu Soundiata Kéita. La rencontre est annoncée à la télévision nationale, mais on ne saurait rien des échanges qui avaient eu lieu. Toutefois, quand on sait l'influence de cette confrérie dans la société mandingue, on est convaincu que sa visite à Konaté à ce temps-ci n'était pas fortuite.

De mon point de vue, le soutien de Konaté à l'élection d'Alpha Condé était motivé par les avantages d'ordre carriériste et pécuniaire. Des cadres guinéens civils et militaires sont fébriles face à ce genre de promesses. Le candidat Alpha Condé et certains de ses amis chefs d'États africains et officiels occidentaux ont fait des promesses à Sékouba, qui lui assureraient une vie tranquille à l'abri des besoins pécuniaires après Sèkhoutoureyah. Ce piètre leader sans charisme ; plutôt craint que respecter par les troupes, est connu pour son intérêt démesuré pour l'argent. Il est parachuté après la transition à la tête de la *Force Africaine en Attente*. Tout de même, cette passation de pouvoir entre Sékouba Konaté et l'opposant historique Alpha Condé est la toute première alternance pacifique au pouvoir en Guinée depuis 1958.

En revanche, les élections qui l'ont résulté ont révélé ou ont confirmé une segmentation régionaliste et ethniciste des choix politiques des électeurs. En plus du charisme du leader, l'ethnie est le principal critère de choix des électeurs. Preuve encore de la forte influence des considérations identitaires et religieuses dans la société. Jamais depuis la période coloniale les organisations tribales notamment les coordinations régionales : Labésanyi, Halipular, Manden et Guinée Forestière n'avaient pris autant d'influence dans le choix politique des Guinéens.

Le leadership que nous souhaitons pour le pays devrait être capable de nous extraire de ce cercle vicieux.

▪ *Le colonel Mamadi Doumbouya et le temps du populisme*

Comme partout ailleurs dans le monde, la révolution numérique à travers elle les réseaux sociaux a donné plus de pouvoir aux citoyens qu'ils n'en disposaient auparavant[1]. L'information est devenue plus accessible et plus rapide ; elle n'est plus le monopole des élites et de ceux qui détiennent le pouvoir.

L'inefficacité des systèmes politiques autocratiques et le déclin des idéologies totalitaires ont formé une nouvelle culture de conscience politique. La compréhension toujours croissante de la liberté individuelle presque partout dans le monde a encouragé l'individu à être plus socialement présent sur la base de sa "vérité individuelle". C'est le déclin de la « *Vérité Absolue* » qui avait caractérisé le siècle dernier. Ce changement culturel s'opère aussi dans la société guinéenne de façon remarquable ; par conséquent, nous assistons à la régression du leadership légitimé du seul fait de la tradition et du charisme du leader, et au même moment, paradoxalement à l'émergence du leadership à tendance « *populiste* ».

En outre, la révolution numérique et l'échec des politiques d'emploi ont développé un esprit de débrouillardise chez la jeunesse du pays. Des entrepreneurs indépendants, créateurs de valeur et innovateurs connaissent un essor grâce à l'internet qui démocratise les savoirs technologiques. Ceci permet aux jeunes qui représentent plus de soixante-dix pour cent de la population d'acquérir plus de pouvoir et d'être plus exigeants face à la classe dirigeante.

Reste à savoir si ce changement de culture peut favoriser des pratiques nouvelles dans le leadership de la classe dirigeante guinéenne. Mais en attendant, c'est la tendance au populisme qui domine depuis l'accession au pouvoir de Mamadi Doumbouya.

Le populisme n'a pas de définition unique, car le mot lui-même désigne des mouvements et idéologies politiques parfois contradictoires ; il symbolise néanmoins tout ce qui lie les extrêmes politiques : une dénonciation systématique des élites et

---

[1] New Political Leadership - Alain Hoodashtian – Janvier 2022

de la classe politique, une volonté manifeste de supprimer les institutions intermédiaires qui exercent le pouvoir au nom du peuple, la vision d'un peuple unique auquel s'identifie un leader charismatique qui n'a à rendre compte qu'au peuple.

Les leaders qui usent du populisme ne sont forcément pas issus des masses populaires ou des milieux défavorisés comme on a tendance à le croire ; ils sont pour la plupart fruit du système qu'ils pourfendent. Le milliardaire Donald Trump en est une illustration parfaite.

Sur le cas spécifique de la Guinée, le populisme se caractérise par un nationalisme exacerbé ; une critique systématique des leaders politiques traditionnels ; une référence de plus en plus présente aux préceptes religieux ; le rejet de la diversité ethnique et du pluralisme politique avec une volonté claire de supprimer le multipartisme politique pour le remplacer par un bipartisme, qui serait la solution miracle contre l'ethnocentrisme dans le pays.

Le populisme émerge lors des moments des grands bouleversements dans la société ; en Europe et en Amérique, sa montée est liée à la crise financière et économique de 2008, à la crise migratoire de ces dernières décennies, aux sentiments d'insécurité avec en toile de fond la lutte contre le terrorisme islamiste.

En Guinée, les idées du populisme étaient bien présentes dans la société, les réseaux n'ont fait qu'aider à l'amplification : l'imaginaire qu'il n'existe qu'un seul peuple et le nationalisme extrême datent depuis Sékou Touré. Dans sa rhétorique, le *Responsable Suprême de la Révolution* a catégorisé les Guinéens en la « *Partie saine du peuple* », constitués de ceux qui adhèrent à sa vision, qu'il voit comme le seul peuple et les « *Anti-guinéens* », faits de ses opposants et tous ceux qui critiquent sa vision. Alpha Condé qui dans son objectif de s'accrocher au pouvoir s'était attaché à un discours pareil, « l'anti-néocolonialisme », dans lequel il vend la peur d'un ordre mondial dirigé par les Occidentaux qui veulent accaparer des ressources minières des pays africains.

Il dit alors, lors d'un sommet consacré à l'économie, à Abidjan « *il faut couper le cordon ombilical avec la France* ». Il accuse ses opposants de voleurs à la solde des ennemis du pays, il jure de ne jamais les laisser diriger le pays, comme si c'est lui qui dictait le choix du peuple. Il se fait passer ainsi de l'Élu du peuple et de son porte-parole. Puis avec l'arrivée du colonel Mamadi Doumbouya, le populisme s'est plus accentué dans le discours public, qui en plus du nationalisme exacerbé a pris pour cible particulièrement les partis politiques traditionnels ; il pourfend toutes les élites comme responsable des déboires du peuple. Il prône ainsi, une nécessité de débarrasser le pays des personnalités au centre des actions politiques de ces dernières décennies ; il appelle cela le « *renouvellement de la classe politique* ».

Qu'est-ce qui explique cette posture populiste de cet ancien Caporal de la légion étrangère française, Mamadi Doumbouya ? Pour répondre à cette question, intéressons-nous d'abord au contexte dans lequel il a pris le pouvoir.

Les onze années de gouvernance et le troisième mandat d'Alpha Condé ont cristallisé les tensions ethniques et politiques dans le pays ; la confiance d'une bonne partie des Guinéens aux institutions dirigeantes et aux élites politiques a été ébranlée, notamment à cause des transhumances et d'alliances politiques de contre-nature ; lorsque la cour constitutionnelle et tous les organes de l'État ont soutenu la magouille constitutionnelle ; lorsque de respectueux juristes et universitaires ont tenté de justifier les dérives antidémocratiques de ce troisième mandat. Les citoyens sont sidérés et révoltés par la corruption et l'enrichissement ostentatoire d'une minorité au pouvoir. Il s'est ajouté à cela la déception des militants pro-démocratie à propos de l'inaction et la politique de « double standard » de la communauté internationale qui n'agit pas promptement pour faire cesser la répression qui s'abattait contre les opposants. C'est sur ces ressentiments que surfe le colonel Mamadi Doumbouya pour légitimer son coup d'État contre Alpha Condé. Ce coup de force a placé l'institution militaire, dans la posture du «*libérateur*», celle qui a répondu à l'appel du peuple.

Dans une déclaration tenues à quelques jours après sa prise de pouvoir, Doumbouya dit : « *Si nous sommes encore obligés de tout reprendre en 2021, c'est parce que nous les militaires, vous les intellectuels, les politiciens, les hauts cadres, les sages, la société civile avons échoué.* » Avait-il martelé. Il se place ainsi, comme le seul en capacité de réussir là où tout le monde a échoué. Il donne ainsi une mission messianique et historique à son pouvoir comme l'avaient fait ces prédécesseurs. Il promet d'agir différemment et propose un pacte social qui rend le peuple présent à chaque instant, donc il n'est plus question d'associer les forces intermédiaires : sociétés civiles et partis politiques, en tout cas tous ceux qui ne sont pas d'accord avec sa politique. C'est toute l'attitude du populisme. Mais Doumbouya peut-il se soustraire des comportements et de l'imaginaire politique du système duquel il a émergé ?

Mamadi Doumbouya est né en 1980 à Kankan, la plus grande ville de la Haute Guinée et centre névralgique de la culture malinké dans laquelle il a été éduqué et élevé. Son instruction académique avant l'armée est un sujet à débat ; il n'aurait pas dépassé le niveau de brevet d'étude du premier cycle. Toutefois, cela ne l'a pas empêché de passer en moins de cinq ans du grade de caporal de l'armée française au grade de colonel de l'armée guinéenne sous Alpha Condé entre 2012 et 2018. Il est nommé commandant du Groupement des forces spéciales en 2018, nouvellement créé pour combattre la menace terroriste. Cette unité d'élite de l'armée guinéenne devenue la mieux équipée et la mieux formée, est détournée de l'objectif de sa création pour servir de garde prétorienne d'Alpha Condé.

Il faut voir en cette ascension fulgurante de Doumbouya et de son unité, dans la volonté d'Alpha Condé de trouver une contre-force aux autres unités des forces armées desquelles il se méfiait par peur de coup d'État. On se rappelle les circonstances de son élection à la tête du pays, qui n'aurait jamais pu arriver sans le soutien non sans condition des officiers de l'armée. Alpha Condé connu pour sa ruse politique n'aurait pas tenu ses promesses une fois au pouvoir. Les relations se sont tendues avec certains officiers ; il échappe en juillet 2011 à un attentat qu'il a attribué à certains de ces officiers militaires.

Sous une apparente réforme des forces armées, Alpha Condé avait mis plus de quatre mille militaires à retraite. Des unités les plus expérimentées étaient mutées et les armes lourdes sont délocalisées dans les camps des provinces loin de la capitale Conakry. Il trouvera en Mamadi Doumbouya, issu de la diaspora comme lui et venant de la même ethnie que lui, qui n'a aucune attache au sein de l'armée guinéenne, l'homme en qui il pouvait placer sa confiance. Au départ, Mamadi Doumbouya et son Groupement aux visages encagoulés accomplissent bien la sale besogne ; ils répriment toutes les luttes pacifiques menées par le Front national de la défense de la constitution – FNDC et matent toutes les mutineries militaires parfois dans le sang (Camp Alpha Yaya à Conakry et Camp Samoreyah à Kindia en juin puis en octobre 2020). Et quand il décida de se retourner contre son patron, il n'y avait plus rien pour le stopper ni dans l'armée déjà affaiblie ni dans le parti d'Alpha Condé complètement atomisé par une guerre de clan.

À ce niveau, au sein de l'organisation politique d'Alpha, le RPG ; le fossé était devenu béant entre le sommet dominé par les opportunismes de la dernière heure et la base constituée des militants fidèles issus majoritairement des milieux conservateurs Malinkés. Les frustrations de ces derniers s'étaient exacerbées avec la forte influence qu'avaient prise les faucons de l'ancien régime de Conté au sein de l'appareil de l'État (Kassory Fofana, Tibou Kamara, Fodé Bangoura, Kiridi Bangoura, etc.).

Cela, explique-t-il pourquoi la base du RPG n'a pas réagi quand il fallait faire échouer le coup d'État du 05 septembre ? Ou c'est parce que les militants étaient-ils tétanisés par la facilité et la rapidité de l'arrestation de leur leader, alors qu'il voyait en lui, le Fama invincible ? Certains voyaient même en ce coup d'État une ruse de celui qu'il considère comme un « *animal politique* », Alpha Condé, qui chercherait à mieux se retirer. La plupart des partisans d'Alpha Condé placeront d'ailleurs leur confiance en Doumbouya, dont ils voient l'acte comme une révolution de palais plutôt qu'un véritable changement de régime.

À voir les pratiques et la structuration de l'administration de Doumbouya, son coup d'État semble être une prise de pouvoir orchestrée par une partie de la jeunesse du Mandingue, qui n'a pas pu profiter pleinement des avantages de la gestion du pouvoir par celui qui était jusque son idole.

On peut également parler d'une opération de sauvetage du pouvoir dans l'escarcelle du Mandingue. En « sacrifiant » le vieux président et quelques-uns des personnalités du régime décriées par l'opinion publique, Mamadi Doumbouya et ses hommes devenus le visage de l'appareil répressif du régime, se sont sauvé et ont permis de garder le pouvoir sous le contrôle de la communauté mandingue ; d'éviter ainsi que le scénario de la perte du pouvoir après la mort de Sékou Touré en 1984 ne se répète, qui est resté comme un traumatisme dans la mémoire collective des Malinkés. C'est ce qui explique le ralliement rapide à ce coup d'État de l'ensemble du commandement militaire dominé par les Malinkés et le soutien sans condition des institutions coutumières du Mandingue. D'ailleurs, l'organisation politique de Doumbouya, le *Comité national du rassemblement pour le développement – CNRD* est composé des transfuges du pouvoir Condé et des nostalgiques du régime Sékou Touré. Des partisans d'une vision totalitaire et hégémonique du pouvoir. Ils prônent un retour au modèle de gouvernance sous Sékou Touré caractérisé par une intransigeance de l'autorité de l'État et un socialisme économique utopique du vingtième siècle.

La configuration des instances de prise de décision du pays est calquée sur le modèle sékoutouréen : au sommet de l'État, un leader incontesté, le colonel Doumbouya, et le CNRD chargé de l'orientation, de décision, d'exécution et de contrôle de toutes les activités de la vie publique.

Le contexte historique étant différent et faisant face à une opinion publique plus avertie et une société plus diligente à défendre ses droits, Mamadi Doumbouya tente de piéger le pays dans l'illusion d'un projet de « *refondation* » dont personne ne comprend les tenants et les aboutissants.

Il caresse le rêve d'une transition à la manière du colonel Lansana Conté, qui a duré presque dix ans entre 1984 et 1993. Il prend pour modèle, le rwandais Paul Kagamé. Il a dénoncé devant l'Assemblée générale des Nations-Unies le modèle démocratique en Afrique qui serait une importation occidentale.

Reste à savoir que va-t-il se passer après l'essoufflement de l'éphorie de son coup d'État « libérateur » et de l'effet de ses discours populistes ? Difficile à répondre. Pourtant, de la même manière que Sékou Touré a réussi à instaurer en Guinée un régime communiste broyeur d'élites, Conté et Condé un libéralisme économique corrompu ; il est tout à fait possible que Doumbouya continue à séduire et convaincre une partie de la société très déçue des élites et une jeunesse amère contre l'establishment politique du pays ; cette jeunesse qui s'est sentie trahie et abandonnée par les élites dirigeantes, et qui en veut à tout le monde.

Mamadi Doumbouya sait qu'il ne pourra jamais avoir la même longévité au pouvoir que ses prédécesseurs. Alors que cherche-t-il ?

Si le risque d'un renversement du régime par un autre coup d'État militaire est bien présent, il faut tout de même admettre que les autres unités de l'armée guinéenne n'ont pas la capacité à pouvoir faire face à la puissance de feux du Groupement des Forces Spéciales encore loyal à Doumbouya. Seule une insurrection populaire pourrait faire sauter cette digue autour du CNRD ; ou tout au moins une autre révolution de palais. Dans ce cas, deux scénarios sont à envisager, soit il cherche une sortie négociée avec les forces vives pour lui et ses hommes s'il sait qu'il ne peut pas arriver jusqu'au bout de sa prétendue « refondation », car contraint par une contestation populaire dans les rues, comme ce qu'on a réussi avec la grève générale illimitée déclenchée le 26 février 2024, qui l'avait forcé à céder sur la libération du syndicaliste Sékou Jamal Pendessa[1].

---

[1] Arrêté puis condamné en janvier 2024 pour avoir appelé à des manifestations contre les restrictions imposées aux médias et à l'internet.

Soit, il poursuit sa gestion unilatérale de la transition en cédant sur quelques points de revendications des forces vives, notamment l'organisation des élections pour obtenir leur coopération. Ce qui nous conduira inéluctablement à un processus électoral piégé, fait pour favoriser l'électron des hommes de la clique à la tête des différentes institutions de l'État. Cela ne fera qu'hypothéquer encore davantage l'avenir démocratique du pays.

Je pense que, le plan le plus probable est que Doumbouya cherche à nous imposer une transmission du pouvoir à travers un simulacre d'élections, à un pantin acquis à son solde. Le refus de rendre publics les visages et noms des membres de la junte, et la cabale organisée contre les candidats les plus sérieux dans la course de Sèkhoutoureyah (Sidya Touré et Cellou Dalein) ne peuvent s'expliquer que par cette volonté de favoriser l'élection d'un candidat de la clique à la tête du pays. Il va s'employer sans cesse jusqu'à ce qu'il soit sûr que son candidat passera, et cela, même s'il faut prolonger indéfiniment la transition.

Si la transition que Doumbouya dirige devait aboutir à des élections en fin 2024 auxquelles il promet de ne pas se porter candidat, cependant, rien ne l'interdit juridiquement de soutenir un autre candidat.

Le but du colonel Doumbouya est de bâtir un régime politique à la Poutine, c'est-à-dire un système militaro-oligarchique pour contrôler non seulement la politique, mais aussi l'économie du pays. Ce qui lui permettrait de revenir au pouvoir quand il veut.

Pour réussir son projet, Doumbouya et sa clique vont consacrer la période de la transition (qui va se rallonger) à chercher à déplacer les centres du pouvoir dans la société (société civile et partis politiques) vers des institutions et associations qui adhèrent à leur vision. La stratégie étant de permettre à des individus et groupes d'influence de s'enrichir pleinement sur le dos de l'État afin de s'assurer de leur loyauté. Pour ce faire, ils multiplient les institutions et agences de l'État que les membres et partisans de la nouvelle clique occupent ; distribuent des contrats publics de gré à gré aux entreprises des parents, des proches et des soutiens du régime. Ce sont ceux-là qui sont en train de former l'oligarchie chargée de créer, d'organiser et de financer les nouveaux centres du pouvoir que le régime veut bâtir au sein de la société.

Comme ce sont les leaders et les responsables qui tiennent financièrement les organisations dans la société civile et les partis politiques, le régime s'emploie à les priver de toutes les sources de financement sous une fausse lutte contre les délits économiques et de moralisation de la vie publique. Le refus de dialoguer avec les principaux partis politiques ; la dissolution des organisations majeures de la société civile, telles que le FNDC ; le bâillonnement des journalistes critiques, le brouillage des ondes des radios libres, la fermeture progressive des médias indépendants, la restriction des réseaux sociaux, ..., s'inscrivent dans cet objectif du pouvoir d'affaiblir et d'asphyxier les institutions pro-démocraties de la société. Pendant ce temps, on assiste à la prolifération des organisations dans la société civile et des coalitions au sein de la classe politique, qui sont constituées par des partis et associations prônant le *dégagisme* et revendiquant sans complexe le maintien des militaires au pouvoir.

D'autres mesures de la clique viennent s'ajouter à ces manœuvres, celles-ci visent aussi à couper les principaux partis politiques et organisations de la société civile des centres du pouvoir qui fondent leur force dans la société :

- La modification par décret (ce qui est antidémocratique) de la loi relative à l'élection des chefs de quartiers et districts, qui forment la base de l'organisation administrative du pays et dont le rôle est central dans le processus électoral ; ils seront désormais désignés par es gouverneurs et préfets nommés par le pouvoir central.

- La nomination à la tête des mairies, des délégations spéciales à la place des conseils communaux élus et contrôlés par les partis politiques traditionnels sous prétexte que leur mandat a expiré. Alors qu'aujourd'hui, ce sont les seules autorités qui ont un minimum de légitimité dans le pays ; élus à la faveur d'élections libres et inclusives tenues en 2018.

Aidé par un contexte international de géopolitique, qui est dominé par la tendance à la sacralisation des régimes autocratiques dans le monde et la recrudescence des putschs militaires en Afrique, Mamadi Doumbouya se sert des rhétoriques du populisme pour affaiblir les élites traditionnelles du pays en vue de parvenir à son projet de refondation de la société, ce qui conduira estime-t-il à l'émergence d'une nouvelle élite politique totalement acquise à sa vision.

Le plus grand danger du populisme réside dans son rejet du pluralisme politique alors qu'il n'y a pas de démocratie sans pluralisme d'opinion. Plus grave encore est quand ce sont les militaires qui n'ont d'arguments que l'épreuve de force, qui recourent à ce style de gouvernance. En diabolisant et traitant « *d'apatrides* » tous ceux qui présentent une opinion contraire à leurs visions, les militaires au pouvoir en Guinée sont en train de fracturer davantage la société. Ils ont une gestion du pouvoir très autocratique semblable à ce qu'on a connu au vingtième siècle ; ils estiment être les seuls à connaître et comprendre la volonté du peuple et les seuls capables de faire face à ses préoccupations.

La volonté du CRND d'éliminer et d'asservir toutes les institutions intermédiaires de la société ; pour n'avoir à rendre compte qu'au peuple directement ne fera qu'accentuer l'instabilité du pays. Le risque est la perpétuation des coups de force comme seul moyen d'accession au pouvoir dans le pays.

De ce fait, même si Doumbouya et ses hommes se retiraient à l'issue d'élections transitoires, rien n'est sûr que le pays retrouve un régime démocratique stable. On n'a aucune garantie que le scénario Konaté – Condé de 2010 ne pourrait se reproduire à l'issue de cette transition. Que faire faire pour l'en empêcher ?

Il faut se préparer à mettre en place des stratégies de résistance civile et de défiance politique vis-à-vis du régime militaire, basées sur des méthodes de la lutte non-violente, moins coûteuses en vies humaines mais efficace en termes de résultats.

En résumé, le leadership militaire en Guinée est caractérisé par l'affaissement et la soumission à l'autorité militaire, les institutions politiques, sociales et économiques de la société. Son pouvoir qui repose sur la coercition par la violence, la corruption et le népotisme empêche toute émergence d'un État démocratique dans le pays.

DEUXIÈME PARTIE :

LA NÉCESSITÉ D'UN CHANGEMENT DE PARADIGME POUR UN LEADERSHIP NOUVEAU EN GUINÉE

De ce que nous avons démontré dans la première partie, nous remarquons que tous les régimes guinéens ont été dirigés par un leadership présentant les caractéristiques d'une autocratie:

- *Une vision philosophique de l'autorité* :

Dans laquelle jamais le peuple de Guinée ne peut décider librement. Les dirigeants guinéens croient que la population ignore les règles et ne peut donc pas choisir judicieusement.

- *Une mission historique et messianique* :

Sékou Touré pensait être le dépositaire de la légitimité historique du recouvrement de la dignité du peuple ; Lansana Conté croyait que sans lui, c'est le chaos dans le pays ; Alpha Condé se prenait pour le Mandela de la Guinée ; Moussa Dadis se voyait comme Thomas Sankara et Doumbouya se prend pour notre Paul Kagamé. Mais le peuple de Guinée veut juste un président qu'il a choisi de manière libre et à qui il peut demander des comptes sans risquer de se faire massacrer.

- *Des chefs d'État irremplaçables* :

Les dirigeants du pays ne sont remplacés que par la force armée, ou par la mort. Après soixante-cinq ans d'indépendance, les Guinéens n'ont jamais pu désigner par des élections libres et transparentes leurs chefs d'État. Et ceux qui ont dirigé le pays ont été tous contraints de quitter le pouvoir soit par la mort (Sékou

Touré et Lansana Conté), soit par la force (Moussa Dadis Camara et Alpha Condé). Seul Sékouba Konaté avait accepté de diriger une transition sans être candidat, mais nous avait imposé un président qui n'émanait pas du choix démocratique du peuple. Quid de Mamadi Doumbouya ? Est-ce que sa non-participation aux prochaines élections suffirait à elle seule pour garantir la crédibilité du processus ? Ou tout au plus, acceptera-t-il de céder librement le pouvoir ?

- *Une vision éternelle de l'autorité :*

Dans la société très conservatrice de Guinée, on croit encore que c'est seul Dieu qui donne et retire le pouvoir à qui il veut. Du moins c'est ce que les élites dirigeantes fassent croire à la société. On amène les gens à accepter et à s'accommoder à toutes les sortes d'autorité même les plus despotiques. On fait des élections une formalité pour légitimer les autocrates.

- *Un pouvoir absolu et inconditionnel :*

Les textes de loi, leur adoption, leur application et les décisions de justice sont assujettis à la volonté du chef d'État et celle des dignitaires de son régime. En témoigne, les nombreux tripatouillages constitutionnels, courants dans l'histoire politique du pays.

Pourquoi ce mode de gouvernance dictatoriale qui dégrade pourtant les conditions de vie de la population perdure encore en Guinée en dépit d'une lutte acharnée des citoyens depuis des années pour s'en libérer ? Pourquoi, les luttes démocratiques ont du mal à aboutir dans la société guinéenne ?

L'histoire particulière du pays marquée par une longue période d'oppression, de répression et d'exacerbation des inégalités ethniques et sociales à la fois d'origine interne et externe a instauré un climat de peur dans les communautés et rendu une grande partie de la société amorphe. Une attitude assimilable à de la résignation. Le régime d'assujettissement du système colonial français a duré plus d'un demi-siècle ; vingt-six ans de régime de parti unique dans lequel toute forme de contradiction et de dissidence était impitoyablement réprimée; près de trente années de confiscation du pouvoir par les militaires qui font de l'usage de la violence, le moyen privilégié de résolution des différends et onze ans de gestion belliqueuse d'Alpha Condé ont émietté complètement la société nationale. Gene Sharp résume le poids de l'histoire dans une société en ces termes : « *Malheureusement, le passé nous accompagne toujours.* » ; dans beaucoup de pays, « *la population a souvent été atomisée, c'est-à-dire transformée en une masse d'individus isolés, incapables de travailler ensemble pour développer des libertés, une confiance mutuelle ou même de faire quoi que ce soit de leur propre initiative.* » [1] explique-t-il. Dans un tel contexte, poursuit Sharp, l'idée même de résistance face à un régime dictatorial devient terrifiante et les gens « *vivent une souffrance sans but et envisagent l'avenir sans espoir.* » a-t- il déploré.

En plus, une sorte de soumission inconditionnelle à l'autorité d'un pouvoir aussi tyrannique qu'il soit, a été délibérément inculquée dans les croyances et dans les esprits par le concours des chefs religieux et traditionnels, au point que ceux qui se révoltent contre les pratiques d'un gouvernement dictatorial sont stigmatisés par la société ; ils sont indexés, *anti-Guinéen*.

Pour pallier les risques de révolte populaire contre les injustices de leur dictature, les dirigeants guinéens se sont toujours attelés à affaiblir, subordonner et détruire les institutions démocratiques et libres de la société.

---

[1] De la dictature à la démocratie, Un cadre conceptuel pour la libération – Institution Albert Einstein - Gene Sharp ; Page 24.

EN QUOI CONSISTE LE CHANGEMENT DE PARADIGME EN GUINÉE ?

Un paradigme est une représentation du monde, un modèle cohérent de vision du monde, une manière de voir les choses qui repose sur une base définie.

Quand la nouvelle clique qui nous dirige clamait dans l'euphorie de sa prise du pouvoir qu' « il faut éviter les erreurs du passé », savait-elle de quoi il s'agit ? Car, pour apprendre des erreurs du passé, il faudrait bien savoir qu'elles sont ces erreurs? Comment et pourquoi elles ont été commises ?

Les époques ont changé, la culture du chef omniprésent qui décide de tout et pour tous a atteint ses limites.

Tout au long du parcours historique de la Guinée, il apparaît clairement que les leaderships successifs de type dictatorial qui l'ont dirigé ont échoué. Ils ont échoué parce que d'une part, ce modèle n'est pas adapté aux problèmes du pays et d'autre part, parce que ces dictateurs n'avaient ni la vision ni les compétences suffisantes à la mesure des enjeux qui prévalaient. Un changement de paradigme est donc indispensable.

Ce changement de paradigme vise d'abord à faire évoluer notre perception et notre culture politique et celle du leadership, afin de disloquer le système dictatorial qui gouverne le pays. L'autorité d'un dirigeant ne doit plus être considéré incontestable. Bref, il faut un changement culturel pour produire, ou encourager une nouvelle forme de leadership dans notre société.

Ensuite, il requiert de travailler de manière à inverser les rapports de pouvoir entre le peuple et la classe dirigeante par l'instauration d'une dynamique démocratique au sein de la société, d'un contrôle citoyen strict et efficace des actions publiques en vue d'abord de remettre en question le modèle féodal de l'autorité qui domine la société et de la prémunir ensuite contre l'émergence de toute dictature future.

Pour combattre efficacement l'autoritarisme, il faut s'attaquer à ce qui le nourrit.

Ce n'est pas la démocratie qui a échoué en Guinée comme l'insinueraient certains, puisque le pays n'a jamais appliqué ses principes. Comment peut-on indexer ce système comme la source de nos problèmes alors que la Guinée n'a jamais été pleinement une démocratie ?

Mieux, le régime démocratique fonctionne ailleurs ; dans les pays qui présentent les mêmes réalités socioculturelles que le nôtre. Des petits pays à notre dimension, mais moins dotés en ressources naturelles, connaissement des progrès économiques les plus dynamiques et les plus prometteuses. Et cela, en grande partie grâce à leur stabilité politique favorisée par la démocratie. Pendant ce temps, la Guinée ne s'améliore ni sur le plan démocratique ni sur le plan économique. Peut-on d'ailleurs dissocier la démocratie du progrès économique ?

Ceux qui répondront à cette question par l'affirmatif prennent l'exemple des pays de l'Asie comme la Chine, Singapour, Vietnam, Émirats Arabes Unis, Qatar, Koweït … où des dictatures politiques ont fait émerger des économies florissantes. Mais il faut aussi comprendre que ces pays ont connu des classes dirigeantes compétentes, pragmatiques et visionnaires. Le niveau de vie de leurs populations est devenu des centaines de fois, supérieur qu'il y a cinquante ans. Leurs dirigeants ont donc su objectivement répondre aux attentes sociales économiques des communautés et créer de la valeur pour la population. Contrairement à la Guinée où des piètres leaderships par incompétence ont érigé une dictature politico-mafieuse régressive.

Dans tous les cas, les pays qui progressent qu'ils soient démocratiques ou pas, ont eu à leur tête à des époques historiques déterminantes des leaderships décisifs qui se sont attelés à relever des défis majeurs auxquels ils étaient confrontés.

Quand on voit qu'aux années des indépendances, la Guinée avait à sa tête le syndicaliste Sékou Touré, trente-six ans avec un niveau académique équivalent au Certificat d'étude primaire ; le Ghana avait l'idéaliste Kwame Nkrumah, quarante-huit ans, diplômé en économie et en philosophie, il dispose expérience solide de plusieurs années dans l'administration coloniale anglaise ; le Sénégal avait l'universitaire Léopold Sédar Senghor, cinquante-quatre ans, plusieurs années de fonctions d'Homme d'État en Hexagone ; la Côte d'Ivoire avait Félix Houphouët-Boigny cinquante-trois ans, médecin, homme d'affaires et plusieurs années ministre dans le gouvernement français avant l'indépendance de son pays, on comprend là aisément ce pan de la problématique du leadership en Guinée : la compétence et l'expérience.

Plus de soixante ans après les indépendances, observons à niveau les leaderships qui ont émergé dans ces États : le Ghana est dirigé par Nana Akufo-Addo, le Sénégal par Macky Sall et la Côte d'Ivoire par Alassane Ouattara. On peut tous consulter leur parcours sur Wikipédia grâce à l'internet. On verra qu'ils avaient derrière eux de solides carrières d'Homme d'État (Premier ministre, ministre, dirigeants d'institutions nationales et internationales, etc.) avant de rempiler au poste suprême de Chef d'État dans leur pays respectif.

Contrairement aux présidents successifs de la Guinée depuis l'indépendance, qui ont en commun, n'avoir guère géré une fonction publique et ni acquis aucune expérience d'homme d'État. De Sékou Touré à Mamadi Doumbouya en passant par Lansana Conté, Alpha Condé, … aucun d'eux n'était préparé à exercer la fonction du *Président de la République.* C'est un handicap majeur. Et je ne sais pas si c'est par égoïste, par complexe ou à cause des croyances mystiques de notre société selon lesquelles un chef ne désigne pas son successeur, que les leaders guinéens n'ont pas puis s'entourer de jeunes managers compétents qu'ils auraient pu coacher à devenir leaders et les préparer à les succéder ; comme l'avait fait Senghor avec Abdou Diouf, ou comme Houphouët-Boigny avec Henry Konan Bédié et Alassane Ouattara.

Comme le disent certains de nos compatriotes, la *présidence de la République n'est pas un centre d'apprentissage.* On y accède pour appliquer ce qu'on connaît.

Bien qu'une solide expérience et un bon niveau académique d'un homme ou d'une femme politique ne soient pas des preuves irréfutables de son bon leadership, mais il faut admettre qu'en disposer est essentiel dans la gestion d'un pays confronté à des crises multiformes et complexes comme la Guinée. Le reste dépend ensuite de sa personnalité, de son caractère.

Donc, le changement de paradigme à opérer ici, consiste à remettre en question notre choix du leader fondé sur des considérations subjectives dont l'appartenance ethnique, régionale ou religieuse, etc. On peut mieux en trouver en analysant les parcours, les idées, la vision et les personnalités de ceux qui prétendent vouloir nous diriger.

Il faut que la tendance évolue vers une rupture totale avec le modèle de leadership absolu d'un individu ou d'un groupe social. La fin de la vénération d'homme providentiel doit s'imposer comme un changement culturel dans toute la société, qui demeure encore en grande partie conservatrice et traditionnelle, je le rappelle.

Pour y parvenir, je préconise de travailler à renforcer les capacités des institutions traditionnelles de la société civile sur la culture de la citoyenneté, du civisme, de la défense des droits de l'homme et des valeurs de liberté ; la démocratie en un mot.

Toutes les dictatures successives en Guinée se sont maintenues par la répression des voix dissidentes et par la coopération des élites d'un grand nombre d'organisations d'une société segmentée incapable de s'indigner, comme : les organisations confessionnelles (mosquées et églises), les chefferies traditionnelles, les organisations tribales (coordinations régionales et associations des ressortissants des villages), les partis politiques, les groupements d'intérêt économique et social (les coopératives et organisations patronales), les médias, les associations culturelles (les artistes, les griots et les promoteurs), les syndicats, les *sèrès*[1], les staffs et

---

[1] Organisation regroupant des individus d'une même génération, généralement des femmes dans le but d'une entraide mutuelle.

thé bases, les *grins*[1], les *cafés*[2], etc. Vaincre la peur des opprimés et le refus de la coopération des institutions de la société avec tout pouvoir autocratique sont les objectifs recherchés dans cette lutte. Cela va conduire à l'asphyxie de n'importe quel régime dictatorial.

Ce rôle de réveil de conscience revient aux nouvelles formes d'organisations de la société civile, qui sont mieux formées et plus outillées que celles d'avant, telles que les organisations de défense de droit de l'homme, les faîtières des structures de femme et de jeunesse de la société civile, les partis politiques, les mouvements syndicaux, etc. Elles s'attelleront à préparer les citoyens à la résistance pacifique de façon collective et disciplinée, à sanctuariser dans l'imaginaire collectif de chaque entité sociale le refus de toute forme d'oppression même si elle viendrait d'un leader issu de son propre groupe social ou ethnique. Cela sonnera la fin de la problématique que j'ai évoquée dans la première partie, à savoir : l'émiettement politique de la société et le caractère identitaire des leaderships qui en résultent. Et par conséquent, cela entraînera la désintégration du système autoritariste dans lequel le pays patauge comme une marre boueuse et puante depuis plus d'un demi-siècle.

Les organisations comme le *Fonajep*[3], le *cadre de concertation des femmes et filles des partis politiques*, le *Front national de la défense de la constitution- FNDC*, le *Forum des forces sociales--FFSG*, *le syndicat libre des professionnels de la presse-SLPP*, ou encore *Associations des blogueurs de Guinée – AbloGui,...* sont entre autres de creusets de la lutte citoyenne et démocratique à multiplier et renforcer dans la société.

Puisque la coopération de certaines entités de la société avec une autocratie peut se faire aussi par ignorance sans intentions délibérées de ceux qui les animent ; dans ce cas, l'accès

---

[1] Club de thé généralement politique dans les quartiers urbains.

[2] Club de café crée par des ressortissants d'un village dans une ville.

[3] *Forum National des Jeunes des partis politiques*, organisation dont l'objectif est l'intégration des jeunes dans les instances de prise décision nationales et la promotion de la culture démocratique dans les partis politiques.

à l'information, pour déconstruire les symboles et les mythes du pouvoir, est essentiel. Surtout dans les langues que les gens comprennent : les langues nationales et locales.

Avec plus d'un million d'utilisateurs aujourd'hui partout dans le pays, l'internet jouera un rôle déterminant dans cette lutte. La démocratisation de l'information contribuera à atténuer les peurs et à dénuder les mythes des autocrates.

Cependant, pour réussir cette lutte, il est indispensable de changer d'approche dans la façon de mener la lutte. Les associations de la société civile et les partis politiques qui luttent sur le terrain doivent recentrer les revendications sur les problèmes sociaux, sociétaux et économiques qui touchent directement le quotidien de la population. C'est le talon d'Achille du système autocratique qui gouverne notre pays. C'est là qu'il faut frapper pour avoir l'adhésion populaire au combat démocratique et espérer le gagner ; il s'agit entre autres de :

- Coordonner les luttes citoyennes dans les villes et provinces qui manquent d'électricité et d'eau ;
- S'emparer des protestations des femmes contre la vie chère et l'inflation des prix sur le marché ;
- Prendre à bras-le-corps les revendications salariales des fonctionnaires et des travailleurs dans les entreprises privées et étatiques notamment dans les mines et chantiers de l'État ;
- Soutenir et appuyer les combats des communautés impactées par les exploitations minières anarchiques ;
- Encourager et soutenir les lanceurs d'alerte sur la corruption dans l'administration et de détournement des deniers publics;
- Dénoncer les problèmes de routes, le chômage des jeunes, la précarité des ménages ;
- etc.

Ce sont entre autres quelques points de faiblesse sur lesquels peuvent s'appuyer les forces démocratiques pour secouer le système dictatorial et le démanteler.

Les problèmes liés aux conditions de vie économique sont ceux qui fédèrent facilement la société guinéenne. Les problèmes cités ci-dessus impactent toutes les masses des communautés de notre pays. Une lutte qui les met en avant ne sera guère caricaturé ethnique, comme le font souvent les dictateurs du pays quand ils sont dos au mur.

Les Guinéens ont d'ailleurs l'expérience d'un tel panaché de lutte. On se souvient des événements de janvier et février 2007, qui avaient combiné les revendications sociales et politiques dans une même lutte. La grève générale et illimitée soutenue par des manifestations de rue à l'appel des partis politiques dans toutes les villes du pays, avait fini par plier le régime ; de laquelle des acquis démocratiques importants avait été obtenus dont : la libéralisation totale des médias[1], la création de la *Commission électorale nationale indépendante – CENI* ; des réformes institutionnelles ayant facilité l'affaiblissement du système dictatorial et sa chute en décembre 2008. À côté, les syndicats avaient aussi obtenu des résultats dont entre autres, l'augmentation conséquente des salaires dans tous les secteurs et des mesures de lutte contre la corruption et l'inflation des prix des produits de première nécessité.

Par ailleurs, au vu de la forte influence des institutions comme les chefs religieux et traditionnels sur la société, on est confronté à ce dilemme : comment les intégrer dans une lutte démocratique compte tenu de leur ancrage très conservateur à la limite du sectarisme ? La réponse à cette question mérite tout un autre essai et une recherche beaucoup plus approfondie. C'est un peu le même défi auquel les pays de l'Europe étaient confrontés avant le dix-huitième siècle, l'influence obsessionnelle de l'Église sur la politique. Comment ont-ils réussi à soustraire la société des dogmes de l'église ? Il faut s'en inspirer.

Tout de même, le défi est plutôt de changer progressivement la culture politique des individus et de construire un meilleur encadrement démocratique de la société. Cela passe par la création, la multiplication et le renforcement des institutions et organisations démocratiques et libres.

---

[1] En 2006, l'opposition avait obtenu l'ouverture des radios privées mais un an après, les conditions d'ouverture s'étaient endurcies au point que seules trois radios communautaires et musicales existaient.

Dans tous les pays démocratiques, c'est la force, l'autonomie et la diversité des organisations non-gouvernementales qui constituent le rempart contre les dérives autocratiques de la classe dirigeante. Donc, la force de décision politique ne reviendrait plus ni à l'histoire, ni à l'idéologie et ni au Ciel, mais au peuple qui décide à travers des élections libres. Le peuple désigne ses dirigeants qui exercent l'autorité en son nom et qui sont : remplaçables (par des élections), provisoires (par un mandat limité) et dont le pouvoir est conditionné par la constitution et les principes démocratiques.

DU CHANGEMENT DE PARADIGME À UN LEADERSHIP NOUVEAU

En mettant fin au mythe du leadership incontesté et autoritaire dans l'imaginaire collectif des communautés de notre société, nous poussons la classe dirigeante et voire toute la classe politique à se remettre en cause. Et pourquoi pas à améliorer leur leadership.

Il n'y a pas de « leader né » comme des gens ont tendance à le penser. Chaque individu peut travailler à devenir un grand leader, le bon leader qu'il veut, à qualifier son leadership, à polir son caractère personnel et devenir le meilleur de soi-même.

C'est cette volonté de chercher à chaque instant le meilleur de soi-même qui caractérise les leaders nouveaux. Par opposition aux leaders anciens qui ont une vision tyrannique de l'autorité et qui sont incapable de se réformer. Et tout leadership qui refuse de s'adapter à son temps et aux changements de son environnement sera conduit à sa perte.

Sur ce, il est important de lever une équivoque, le leadership nouveau que je prône ne s'invente pas ; ce n'est pas la fabrication d'un nouveau leader et il est loin de l'idée selon laquelle il faut remplacer les vieux par les jeunes. C'est plutôt une question d'adhésion à des valeurs et vertus sur lesquelles repose le caractère d'un leadership ; c'est une nouvelle façon de pratiquer l'autorité contrairement à ce qu'on a connu jusque-là ; c'est de mettre au centre des actions du pouvoir la création de la prospérité durable pour la société ; il s'agit de remplacer la médiocrité par le mérite, la cupidité par le service d'une cause plus grande, l'intérêt partisan par le patriotisme, l'idéologie par le pragmatisme.

Le leadership nouveau présente les qualités principales de tout grand leader :

✓ la Confiance en soi et celle des autres ;
✓ la créativité et l'innovation dans ses actions ;
✓ la clarté de la vision qu'il prône ;
✓ la détermination dans les prises de décision, mais prêt à se remettre en cause s'il se trompe ;
✓ et la capacité de communication.

Un leadership nouveau représente l'espérance et l'assurance pour des personnes qui croient en lui ; il a la capacité d'influencer même ceux qui ne l'aiment pas. Sa personnalité, ses idées, ses actions et ses décisions transcendent les clivages sociaux, tribaux, culturels et générationnels. Dans notre société fragmentée, les qualités de rassembleur du leader nouveau favorisent le sentiment d'appartenance à la nation. Son charme spécial et ses qualités personnelles permettent de gagner et de maintenir l'intérêt, l'amour, la foi et la confiance de la population en son pays et ses institutions.

Le leader nouveau a la capacité de créer, d'inventer et de mettre en œuvre ses idées ; il sait anticiper les défis ; il travaille de façon acharnée et dévouée pour atteindre ses objectifs ; sa bonne capacité de communication lui permet de faire adhérer la société à sa vision et de créer des liens avec les citoyens même ceux qui ne le soutiennent pas.

En plus des qualités susmentionnées, le leadership nouveau est reconnu par la force et la clarté de ses idées, par son aura, son charisme et son archétype. Son optimisme, l'aide à recentrer et maintenir l'espoir même face aux situations les plus désespérantes ; il est Visionnaire, parce qu'il inspire et sait comment mener son peuple ; il est authentique, car il assume et dégage la sincérité dans ses actions et propos ; son empathie le connecte à ses collaborateurs et crée des liens et recoud le tissu social de la population.

L'Archétype, c'est le modèle idéal sur lequel est fondé le leadership : est-ce qu'il est rebelle, réformateur, dirigeant ou transformationnel ?

Intéressons-nous au *leadership transformationnel.*

Sylvie Defayet Davrout, psychologue, définit le *Leadership transformationnel* comme la capacité d'un leader à amener ses collaborateurs à se surpasser, à voir plus loin que leur intérêt personnel pour porter plus de considérations à l'intérêt commun[1].

La Guinée fait face au défi des réformes à tous les niveaux, celles-ci sont indispensables pour amorcer un développement durable. Pourtant, les reformes sont difficiles et complexes à mener, car elles se heurtent souvent aux intérêts partisans et individualistes. C'est là que *le leadership transformationnel* a tout son atout ; il motive et encourage les membres du groupe à accepter le changement en favorisant une culture d'exemplarité et de responsabilité.

Ce style de gestion, explique le psychologue, permet aux personnes d'être plus créatives, de se tourner vers l'avenir et de trouver des solutions nouvelles aux anciens problèmes. Il prépare les subordonnés à devenir eux-mêmes des leaders transformationnels grâce au mentorat, au coaching et à la formation.

Selon les études de l'Américain Bernard Morris Bass, chercheur dans les domaines du Leadership et du Comportement organisationnel, qui s'est inspiré des travaux de James McGregor Burns, on peut établir un certain nombre de caractéristiques propres au *leader transformationnel* à savoir :

✓ *Encourager la motivation et le développement positif des personnes sous son autorité ;*
✓ *Donner l'exemple de normes morales au sein de l'organisation et*

---

[1] Revue EDHEC.edu Business school – publiée 9 octobre 2022

encourager autrui à faire de même ;

✓ *Favoriser un environnement de travail éthique avec des valeurs, des priorités et des normes claires ;*

✓ *Construire une culture qui permet à ses collaborateurs de passer d'une attitude d'intérêt personnel à un état d'esprit dans lequel ils travaillent pour le bien commun ;*

✓ *Mettre l'accent sur l'authenticité, la coopération et la communication libre ;*

✓ *Fournir encadrement, coaching et mentorat, mais permettre à ses collaborateurs de prendre des décisions et de s'approprier des tâches quand il le faut[1].*

En conclusion, le but du leadership nouveau quel que soit son archétype est la création de valeur pour tous. Un leadership créateur de valeur garantit l'atteinte des objectifs d'un développement durable pour le pays. Il agit de telle sorte que ses actes d'aujourd'hui puissent avoir des répercussions positives sur les générations futures.

L'estime d'un dirigeant est le quotient déterminant de la qualité de son leadership :

L'Estime est synonyme de considération, de respect, de vénération que l'on porte à soi et à autrui. Le caractère d'un leader repose sur deux leviers : l'estime de soi-même et l'estime de son pays.

Son estime de soi-même définit son attitude et son objectif personnel ; quelle image souhaite-t-il laisser de lui à son pays ? Quel héritage compte-t-il léguer aux générations futures ? Elle se construit à partir de son parcours personnel, des valeurs de sa famille et de l'histoire de la société qui l'a engendré. Elle est le résultat de son éducation, de sa culture sociale et politique. Et son Estime pour son pays est équivaut à son patriotisme, à la fierté d'appartenir à son peuple. C'est ce qui définit son objectif second, celui de créer de la valeur durable pour ses compatriotes. Les dirigeants comme Abraham Lincoln, Mahatma Gandhi, Nelson Mandela, Jerry Rawlings … avaient tous en commun cette Estime incroyable pour leur pays, et leur vision claire de l'avenir

---

[1] Leadership and organization behavior – Bernard Morris Bass - 1959

continue à impacter durablement leur nation.

Des institutions qu'ils ont bâti sur des idées et des valeurs et non sur leur personne continuent à bien fonctionner. Ils ont voulu entrer dans l'histoire de leur pays par la grande porte. Ils l'ont réussi sans se compromettre et sans mettre en danger l'avenir de leur pays.

En plus de ces valeurs et vertus décrites ci-haut, le profil et les compétences du leadership, comme je l'ai évoqué tout au long de ce livre, sont aussi à scruter. Ainsi, pour illustrer mes idées, une histoire :

Un monsieur cherchait un chauffeur pour conduire sa femme à qui il venait d'acheter une nouvelle voiture. Et comme c'est courant dans notre pays, il a cherché des recommandations auprès de son cercle de relations. L'un de ses proches lui proposa son ami qui traînait au chômage dans le quartier ; il le prend sans hésiter. Avant de prendre connaissance de la suite de l'histoire, imaginez que vous ayez à choisir vous aussi un chauffeur pour conduire vous et votre famille dans un long voyage ; sur quoi vous vous baserez pour recruter la personne dans la main de qui vous allez placer votre vie et celles des gens qui vous sont chers?

Supposons qu'on vous recommande quelqu'un, vous l'accepterez sous quelles conditions ? Vous chercherez forcément à savoir s'il est habitué au type de voyage que vous voulez effectuer. Pour cela, vous demanderez depuis quand il a un permis de conduire ? Et quand est ce qu'il a effectué son dernier voyage sur ce type de trajet ? Vous vous rassurerez aussi sur sa condition physique et mentale, nerveuse, passive, ou proactive ; c'est-à-dire sa personnalité.

La suite de notre anecdote raconte que le chauffeur qui a été recommandé à notre sieur, fut viré après seulement sa première journée de travail. Notre sieur a été appelé au téléphone par son épouse en pleine hystérie : « *Chéri quel chauffeur tu m'as trouvé comme ça ?* » hurle-t-elle à son mari. La voiture qui a une boite automatique s'éteignait à chaque bouchon dans les embouteillages ; le chauffeur n'avait tout simplement pas la maîtrise d'un tel véhicule. Madame a dû prendre un taxi pour terminer sa course, après avoir perdu beaucoup temps, essuyé des insultes de la part des occupants des autres véhicules que sa voiture obstruait la voie. Quant à notre sieur, il s'en voulait d'avoir mis en danger la vie de sa bien-aimée femme ; de ne s'être pas attelé à savoir plus sur les qualités du chauffeur qu'on lui avait recommandé. Si quelque chose de pire était arrivé, ce remord ne lui quitterait jamais.

Nous en tirons la moralité que si le monsieur s'était posé les bonnes questions au moment de décider, il aurait pu choisir un chauffeur qui répond à ses attentes.

Si nous avons besoin d'un bon chauffeur qui conduira nous et nos siens à notre destination en toute sécurité, dans ce cas, j'en suis persuadé que personne ne prendra un parent pour le seul lien familial. Bien que nous aimions notre fils, mais nous ne prendrons pas le risque de lui donner les clés de notre voiture pour nous conduire si on ne se rassure pas de ses capacités à pouvoir le faire. Nous placerons tous, notre confiance en quelqu'un qui est compétent et expérimenté, en qui nous avons vu de bonnes aptitudes physiques, morales et mentales procurant un sentiment de sécurité. Alors pourquoi nous ne faisons pas preuve de la même exigence quand nous devons choisir nos dirigeants ?

Quel leadership pour le développement de la Guinée ?

Dans sa situation de détresse à la fois sociale et économique conjuguée à une crise politique aiguë, la Guinée a besoin à sa tête, d'un homme d'État accompli. En plus des valeurs et vertus du leadership nouveau et transformationnel que nous avons peint ci-haut, son profil peut se résumer en trois points : compétences, expériences et stature internationale.

- Des compétences en gestion, lui permettent de comprendre la complexité des dossiers économiques et financiers et de prendre des solutions propres aux différents problèmes. Cela requiert un certain niveau de connaissances intellectuelles dans le domaine des affaires publiques.

On raconte cette anecdote sur le général Lansana Conté ; quand ses conseillers l'alertaient sur les conséquences de l'inflation, qui sévissait dans le pays, il ne comprenait pas. Alors, ceux-ci choisirent d'utiliser des termes simplifiés : « *Le franc guinéen est tombé à son plus bas niveau* », expliquèrent-ils. Le vieux aurait répondu : « *j'ai fait la route ce matin de mon village à Conakry, moi je n'ai trouvé nulle part un franc tombé par terre* ». Cette métaphore a été utilisée pendant la révolte populaire de 2007, pour illustrer l'incompétence du chef d'État, par conséquent, son incapacité à faire face à la crise qui prévalait, « les émeutes de la faim ».

- De l'expérience solide dans l'exercice des fonctions d'homme d'État ; cela est utile dans le processus de prises de décision, de gestion des changements et incertitudes. L'expérience évite les tâtonnements, les coûts cachés et les gaspillages du temps et des ressources. Elle permet également d'anticiper les crises et les chocs, de mieux préparer le pays à gérer leurs conséquences et leurs effets.

Entre 2012 et 2015, Alpha Condé, acculé par les manifestations de rue liées aux délestages de l'électricité, avait dépensé plus de trois milliards de dollars de l'argent du contribuable sans parvenir à régler le problème. Le fait illustrant, de cette dilapidation des maigres ressources du pays, est l'achat avec une société brésilienne de deux groupes électrogènes à cent-cinquante millions de dollars américains. Mais ces moteurs n'allumeront aucune ampoule en Guinée, car ils n'étaient pas adaptés aux réseaux électriques guinéens.

Pourquoi n'avait-il pas fait le choix de libéraliser tout simplement le secteur énergétique et ainsi espérer y créer de la concurrence ? Le projet d'interconnexion électrique avec la Côte d'Ivoire matérialisé dix ans plus tard (en 2022) a permis d'électrifier la région Forestière seulement en quelques mois. Pourquoi n'avait-il pas commencé par cela, car les Guinéens avaient besoin de l'électricité peu importe d'où ça vient ?

Alpha Condé bien qu'il soit un intellectuel, ancien professeur d'université, il n'avait ni les compétences requises ni l'expérience pour les fonctions de Chef d'État, de surcroît d'un pays confronté à des crises profondes et complexes.

- De l'envergure internationale, qui inspire la confiance, indispensable pour attirer les investissements massifs étrangers.

À cette époque de la globalisation et dans le contexte d'un besoin criard d'aides financières extérieures et d'appuis techniques des partenaires internationaux, la stature interculturelle du prochain leader guinéen et sa maîtrise des agendas géopolitiques seront un grand atout pour le pays.

CONCLUSION ET RECOMMANDATIONS

À l'analyse des processus de développement des pays qui ont avancés, il apparaît clairement qu'ils ont réussi grâce à la qualité du leadership de leurs classes dirigeantes.

La Guinée a besoin d'un leadership nouveau qui doit être à la fois transformationnel, participatif et visionnaire avec un objectif tourné vers la création de valeur durable pour le pays. Il ne sera donc pas cas d'un homme providentiel ou d'un leader messianique, mais plutôt d'un mouvement commun et patriotique des leaders créateurs de valeur dans tous les espaces de prise de décisions : dans la Gouvernance politique, dans les entreprises et au sein de la société civile.

Un leadership visionnaire à la tête de la gouvernance politique permet d'instaurer la stabilité et de créer les conditions d'un environnement propice aux investissements. L'esprit de service, l'intégrité, l'honnêteté, l'éthique, la transparence… sont autant de vertus exigées aux fonctionnaires qu'il faut dans l'administration publique guinéenne.

Un leadership de contre-pouvoir des organisations de la société civile qui sert d'intermédiaire entre les dirigeants et la société, permet de veiller aux intérêts de la population, au respect des règlements par la classe dirigeante et limite leur tentation dictatoriale.

Le renforcement des capacités des organisations libres de société civile et l'engagement des intellectuels en politique sont la meilleure option pour développer ce leadership citoyen. Quand Barack Obama dit que « *les pays d'Afrique ont besoin des institutions fortes et non des hommes forts* », à mon avis, ce sont les sociétés civiles, libres qui constituent la première de ces institutions, notamment, une presse indépendante et consciente des enjeux ; des structures de jeunesse et de femmes qui comprennent leur société et son époque ; des associations citoyennes, indépendantes et démocratiques.

Le combat va s'accentuer comme je l'ai souligné plus haut, sur l'éveil des consciences et sur l'éducation citoyenne, afin d'aider la population à mieux choisir ses dirigeants lors des échéances électorales d'une part et de résister à toute forme d'autocratie d'autre part. Pour mener à bien cette lutte qui opérera un changement profond dans la société guinéenne en lui fournissant les moyens de résistance et de défense de ses intérêts face aux dirigeants actuels et futurs, je recommande aux organisations et aux mouvements de la société civile de s'imprégner des études de Gene Sharp et de l'Institution Albert Einstein, exposées dans les livres « *De la dictature à la démocratie : un cadre conceptuel de la libération* » et « *L'anti-coup d'État* ».

Il est temps d'un engagement politique et public décomplexé des intellectuels. Le mathématicien guinéen, Mouctar Keita décrit un intellectuel comme « celui qui, en face d'un problème, peut analyser et trouver sa solution. » : la participation active des intellectuels aux débats publics et politiques a pour avantage de favoriser le bon sens. Les analyses et les avis des intellectuels sur les sujets d'enjeu cassent les dogmes, interrogent la société et poussent la classe politique et dirigeante à l'authenticité et à la sincérité. Il faut sortir de cette rhétorique qui voudrait que si l'on n'est pas militant d'un parti politique, on doive garder la neutralité. Tout est-il que la neutralité face à la tyrannie est synonyme de coopérer avec elle. Si vous restez passifs face aux violations répétées des droits humains, non seulement vous vous rendez complices de la tyrannie que cela instaure, mais aussi vous donnez au tyran le fouet qui lui servira de vous flageller aussi et vos proches tôt ou tard.

En somme, c'est la combinaison des énergies, des idées et des visions des leaderships à la fois politiques et citoyens qui orienteront les citoyens chacun en ce qui le concerne vers la création de valeur durable et à l'émergence économique de la Guinée.

Mais comment parvenir à cette vision commune ?

Le risque d'une *haitisation*[1] est grand, c'est-à-dire un pays sans perspectives ; si on ne parvient pas à une stabilité politique durable dans le pays.

Résoudre la problématique de l'instabilité politique

L'instabilité et le manque de valeurs durables constituent des conséquences directes de la faiblesse du leadership.

Ce problème d'instabilité est vécu en Guinée comme un cercle vicieux. Il a des répercussions négatives et directes sur le processus normal de développement. Des réformes ne sont pas conduites jusqu'au bout, soit parce qu'elles se heurtent aux intérêts politiques, financiers et électoralistes des élites dirigeantes qui les abandonnent avant terme, soit parce qu'elles sont stoppées net dans leur élan par un changement de régime inattendu (coup d'État).

L'instabilité annihile la confiance des investisseurs par l'incertitude que ça créé dans un pays.

Ce facteur à lui seul peut ralentir tout le processus de développement d'un pays : un système éducatif qui ne produit pas de créateurs de valeur, des ressources naturelles mal exploitées et gaspillées, des entreprises endettées et une économie sous perfusion de l'aide extérieure.

On ne peut pas réinventer la roue, il faut s'inspirer des autres, des bons exemples de stabilité politique et de progrès économique, des pays frères africains qui ont réussi à surmonter la pente. Une sagesse du pays Soussou dit que « si tu ne sais pas bien t'habiller, observe tes amis comment ils le font ». Les caractéristiques communes aux pays qui émergent rapidement au vingt-et-unième siècle sont : une stabilité politique durable, une stratégie de développement national bien coordonnée (quel que soit le gouvernement, la continuité est assurée.), un écosystème entrepreneurial favorable à la croissance et une bonne gouvernance des richesses et ressources du pays.

---

[1] En faisant référence à l'Haïti, pays des caraïbes où l'instabilité a conduit à la désintégration de l'État et les gangs armés ont proliféré partout dans le pays.

Parvenant au pouvoir par effraction, sans aucun programme de gouvernance et sans expérience, les autocrates guinéens cherchaient à consolider leurs régimes en optant pour le court-termisme. Celui-ci ne produit que des petits résultats immédiats et éphémères, sans impacts durables sur les conditions de vie de la population. Malgré cela, tout n'est pas perdu ; le pays peut bâtir une stabilité politique durable, à condition que ses élites et forces vives se mettent ensemble pour un projet national qui se fonde sur la nécessité de promouvoir un développement centré sur l'humain ; celui-ci est plus durable à long terme. Ainsi, les objectifs visés seront axés sur les priorités suivantes :

- La réforme des institutions de l'État en vue de créer une mentalité nationale favorable au développement de la Guinée;
- La décentralisation complète des centres de décision pour les rapprocher aux territoires ;
- Un travail mémoriel pour expier les pages douloureuses du passé;
- Le renforcement de l'éducation nationale pour améliorer le capital humain et former des leaderships efficaces ;
- La construction d'une économie des entrepreneurs créateurs de valeur pour réduire le chômage et le sous-emploi des jeunes ;
- La réduction des inégalités par une meilleure redistribution des richesses.

- ***La réforme des institutions de l'État en vue de créer une mentalité nationale favorable au développement de la Guinée***

Les problèmes de gouvernance et de démocratie en Guinée ne peuvent s'expliquer que par des insuffisances du leadership politique, que nous avons démontré tout au long de ce livre.

L'une des stratégies des différents régimes guinéens, pour manque de légitimité, a été de chercher à renforcer leurs contrôles sur les appareils de l'État, qu'ils soient financiers ou politiques.

À la tête de ces appareils, ils ont installé des loyaux serviteurs de leurs intérêts personnels. De ce fait, une culture de démagogie, de magouille et de médiocrité s'est profondément incrustée dans le service public au détriment de la compétence et des valeurs républicaines qui devraient être plus importantes dans les critères de nomination des cadres de l'administration publique.

Afin de minimiser ce phénomène, il faut faire de l'administration publique une administration professionnelle au service des administrés par la mise en place des critères objectifs de nomination et de promotion des agents publics. Sur ce, il est important de renforcer le contrôle de l'Assemblée nationale sur les décrets de nomination, en lui donnant le pouvoir d'enquêter et d'entériner les candidatures à des hautes fonctions de l'État : les cadres de la présidence de la République ; les ministres et leurs secrétaires généraux ; les chefs de la police, de la gendarmerie, des armées ; les dirigeants de la Banque centrale et toutes les institutions financières ; les directeurs généraux des entreprises et agences publiques ; les ambassadeurs ; etc. Les audiences publiques des personnalités qui candidatent à ces fonctions seront organisées pour comprendre leurs capacités de leadership, de compétences, de patriotisme et d'intégrité.

Ce travail parlementaire sera appuyé par celui d'une institution autonome en charge de la transparence et de l'éthique de la vie publique.

La lutte contre la fraude et la corruption dans les services publics passe par la réforme et le renforcement des appareils répressifs d'État en vue de les mettre au service des citoyens et aussi par le renforcement des actions de la société civile pour lui permettre d'avoir un droit de regard sur la manière dont sont gérées les affaires publiques. Par ailleurs, améliorer la gestion des carrières des agents et leurs conditions et traitements de travail sont des mesures nécessaires pour obtenir la pleine coopération des individus dans la lutte anti-corruption.

Pour le renforcement de la démocratie, il faut rétablir effectivement la séparation des pouvoirs ; rendre transparent et inclusif le processus électoral ; assurer un accès équitable des diverses opinions aux médias publics ; promouvoir la culture du service public, la bonne compréhension de la citoyenneté et le bon exercice des libertés publiques dans un débat contradictoire.

En résumé, l'efficacité de toute réforme de notre État passe par la mise en place d'institutions légitimes (issues des élections) pour aboutir à une société entièrement participative où les gouvernants élus sont investis d'un mandat précis dont ils répondent devant leurs citoyens, où la gestion de la chose publique est transparente et soumise à un contrôle indépendant, où la justice fonctionne de manière affranchie et où la société civile joue son rôle de contrôle citoyen.

- *La décentralisation, noyau du développement national et rempart contre l'autocratie*

Un régime centralisateur et autocratique ne peut apporter dans les conditions d'émiettement ethnique de la Guinée que des conflits et crises de façon perpétuelle. Ce qui a été toujours la politique de nos dirigeants d'imposer aux groupes sociaux, l'appartenance à une nation par la seule force d'une autorité centrale, en lieu et place d'une offre politique efficiente dans laquelle chaque Guinéen se reconnaîtra, n'a fait qu'élargir le fossé social et exacerber les sentiments d'inégalités.

Les Guinéens doivent s'accorder sur un régime politique consensuel, démocratique et complètement décentralisé.

Le système de centralisme que le pays a toujours connu a échoué. Il s'agira de donner plus d'autonomie de gestion aux collectivités locales, les communes notamment.

La décentralisation poussée a un double avantage : il réduit la pression sur le pouvoir central et permet l'émergence des leaderships ayant d'abord prouvé leurs capacités dans la gestion de leur commune, avant de prétendre gouverner la nation tout entière. En renforçant la Commune, on améliore l'apprentissage et l'assimilation des principes de la démocratie par les citoyens et par les institutions de la société. Il s'accomplit en accordant la force de décision aux communautés sur un certain nombre sujet de leur quotidien telles que : l'école, la santé, la mobilité, le logement, les routes, l'accès à l'électricité et à l'eau, les productions agricoles, etc. Pour cela, il est indispensable d'accorder aux exécutifs des communes, la possibilité de gouverner eux-mêmes des impôts, de leur collecte, de leur gestion et de l'orientation de leur dépense sans intervention du pouvoir central.

En plus de son avantage comme un levier pour le développement local, la décentralisation peut renforcer la participation des citoyens dans les affaires publiques et favoriser l'inclusion sociale ; elle peut améliorer la stabilité politique en entrainant une vision réaliste du pouvoir ; elle peut être un facteur de réduction de la corruption dans l'administration publique[1].

En effet, ça ne sera plus à l'État d'envoyer ses agents pour gérer le quotidien des communautés ; des agents qui n'ont souvent ni attache ni d'estime dans celles-ci et qui se montrent généralement voraces et cupides ; mais de laisser aux communautés une autonomie de gestion de leur vie. Décentraliser les centres de décisions vers les communautés va atténuer les antagonismes ethniques et les querelles de pouvoir récurrentes dans le pays, car le pouvoir central sera limité sur les projets d'intérêt national, au profit des collectivités décentralisées, qui s'occuperont du quotidien des communautés.

Mais le fédéralisme que prônent certains de nos compatriotes, qui érigerait les quatre régions naturelles en quatre États, me semble être une mauvaise approche dans un pays ethniquement segmenté. Les tensions et antagonistes ethniques ne feront que se déportés à l'intérieur de ces États où déjà des tensions sont palpables notamment en Basse Guinée autour des conflits fonciers et en Guinée Forestière sur des sujets politiques et confessionnels. Ce système nous conduira clairement dans une impasse.

En revanche, on peut bien adopter le modèle fédéral suisse, qui est constitué autour des *cantons* qu'on peut confondre aux *communes* chez nous. Ce système est applicable à la situation

---

[1] Réussir la décentralisation, chapitre 4. Avantages et défis associés à la décentralisation – OCDE 2023

guinéenne. Ou tout au plus, ériger les territoires des *préfectures* actuelles en collectivité décentralisée avec un exécutif et un parlement local élus ; supprimer les *Régions administratives* actuelles, qui me semblent être le symbole de toute la bureaucratie inutile de l'État guinéen. Ainsi, on aura une structure de l'administration territoriale se présentant comme suit :

Le *Quartier* et le *district* composant de la commune. Il est dirigé par un Conseil, désigné par les citoyens de la localité, lors d'élections organisées et gérées par les communes sans aucune intervention du pouvoir central, en dehors bien sûr d'une assistance technique. Les districts selon leurs réalités sociales et culturelles peuvent garder leur chefferie traditionnelle pour ceux qui en disposent, mais assistée d'un groupe de conseillers élus.

La *Commune* dirigée par un *conseil communal* élu, à sa tête un *maire*. Elle est constituée à l'échelle des différentes communautés locales.

La *Région* dirigée par un *gouverneur* et un *parlement* élus. Son territoire correspondra à celui des préfectures actuelles sans aucune modification et composée des *communes* de la localité. On aura ainsi, trente-et-trois ou quatre régions fonctionnant comme des États dans une République Fédérale. Le pouvoir central maintiendra ses *préfets* dans ces régions, mais prendront la dénomination de *Secrétaires d'État de la région*, nommés par décret, dont le rôle sera limité à la gestion des rôles régaliens de l'État, les forces de défense et de sécurité.

La décentralisation à l'échelle des communes ou des communautés permet à chaque citoyen de participer directement à la gestion locale, de responsabiliser les élites et leaders locaux quant aux progrès de leurs communautés.

Elle est aussi un moyen pour nos communautés de renforcer et préserver leur liberté d'action sur les enjeux qui les tiennent à cœur.

De petits territoires à l'échelle des communautés disposants d'importants pouvoirs tout en restant intégré à la nation guinéenne.

- ***Un travail mémoriel pour expier le passé douloureux***

Les pouvoirs dictatoriaux qui se sont succédé en Guinée ont laissé de graves séquelles mémorielles dans la société : emprisonnements arbitraires, tortures, assassinats de masse, disparition forcée, des fausses communes non identifiées, des exilés politiques, des déplacés forcés, répressions sanglantes des manifestants, etc.

Le pays, peut-il être apaisé sans la vérité et la justice dans de nombreux dossiers de crimes commis au nom de l'État ? Et sans la réhabilitation des victimes de ces violences politiques ? Que faire pour permettre à de nombreuses familles des victimes d'achever leur deuil ?

Déjà, le procès des « massacres du 28 septembre 2009 » est un grand pas dans l'apaisement des âmes dans le pays. Mais il ne doit pas être l'exception.

Les Guinéens doivent avoir le courage de lire toutes les pages sombres de leur passé, de les enseigner aux plus jeunes afin qu'il n'y ait plus jamais ça. Pour cela, il faudrait d'abord mettre fin aux divisions mémorielles.

Si pendant le régime de parti unique, les récits sur l'histoire du pays étaient monotones et idéologiquement influencé par l'anticolonialisme. Aujourd'hui, chaque famille, chaque groupe social raconte ces récits à sa manière, selon ses ressentiments propres. Ce qui crée ainsi, une sorte de compétition mémorielle qui ne permet pas l'émergence d'une mémoire commune et consensuelle encore moins faciliter la réconciliation nationale.

Il va falloir donc mener un travail scientifique, de recherche et d'enquête qui ne s'en tiendrait qu'aux faits dans le but de démêler les mythes de la réalité. Dans un second temps, le plus important, serait de rendre justice aux victimes sous la forme de réparations pour les faits datant de plus de trente ans et sous forme de procès publics pour les crimes de la dernière décennie.

L'objectif est de mettre fin à l'impunité, dont ont toujours bénéficié les agents de l'État notamment la police et l'armée (y compris la gendarmerie).

En résumé, il serait difficile, voire impossible de construire une nation durablement stable dans notre pays sans un véritable projet de réconciliation nationale. Celle-ci ne sera qu'une illusion sans vérité et justice pour les milliers de victimes des soixante-cinq ans de tyrannie des différents régimes.

- *L'Éducation, un moyen pour préparer les leaders de demain*

Le faible niveau d'instruction de sa jeunesse a affaibli le capital humain de la Guinée, créant ainsi un déficit de leadership de qualité. Un facteur aggravant de son sous-développement.

La conséquence la plus dramatique de ce phénomène est « la transmission de la pauvreté de génération en génération ». Le pays traîne à la queue au rang mondial de l'Indice de développement humain des Nations-Unies ; près de la moitié, des Guinéens vivent sous le seuil de pauvreté. Une dramatique tendance quasi-constante depuis des décennies.

Pour l'inverser, la Guinée doit investir massivement dans le secteur de l'éducation ; le reformer pour favoriser l'innovation et la créativité de sa jeunesse ; inventer des solutions propres aux défis du pays et créer une main d'œuvre qualifiée pour la valorisation de ses immenses potentialités naturelles.

L'autre réforme doit consister à réorganiser et à adapter le système éducatif aux besoins de développement du pays : développer des filières de management, créer plus d'écoles d'ingénierie utiles pour la transformation de ses ressources minières et agricoles.

Et dans le but de rattraper son retard, le pays doit consacrer sur plusieurs années, une grande partie de son produit intérieur brut - PIB au financement de la formation de sa jeunesse et intégrer son université dans l'ère du numérique où il est possible aujourd'hui d'amener les meilleurs enseignants du monde dans les amphithéâtres des universités guinéennes sans les déplacer physiquement.

Enfin, il faut consacrer plus de temps à l'enseignement de l'Éducation civique et rendre l'école obligatoire et gratuite pour les enfants de moins de seize ans. Saliou Sarr dans son papier « *l'éducation à la citoyenne : le rôle de l'école* » place dans les objectifs de l'enseignement de l'Éducation civique « *comme un moyen qui suscite l'adhésion aux valeurs de démocratie, de justice, de solidarité, etc.* » Il ajoute qu'il vise surtout à « *cultiver la volonté d'agir à développer le sens des valeurs requises pour l'action avec une préparation à la prise de décision et à user de son esprit critique* ». Ainsi, nous formons et préparons le leadership nouveau.

Le développement du capital humain d'un pays est la meilleure garantie pour son progrès et chaque pays peut se hisser au niveau des pays développés quelle que soit la taille de la richesse de son sol et de son sous-sol en misant sur la force de son capital humain. La Suisse, la Corée du Sud, le Japon, l'inde, le Singapour, l'Île Maurice... sont des exemples illustratifs de progrès bâtis sur le génie et la force du capital humain, alors que ces pays ne disposent d'aucune ou de peu de matières premières.

- ***Créer une économie des Entrepreneurs pour réduire le chômage et le sous-emploi des jeunes***

Le leadership des entrepreneurs forme le moteur de la croissance économique. Le leitmotiv d'un entrepreneur est de créer le profit et de faire prospérer son entreprise, ce qui est alors bénéfique pour toutes les parties prenantes : aux investisseurs et actionnaires (partage du profit), aux employés (salaires décents), à la société (création de solutions et services) et à l'État (levée des taxes).

Le climat des affaires en Guinée est l'un des plus dégradés en Afrique à cause surtout de la corruption et de l'inefficacité de l'administration publique. La réforme de l'administration publique est donc une nécessité. De sa réussite dépend le succès de toutes les reformes et projets dans les autres secteurs. Ce qui nous ramène à nouveau à l'épineuse question du leadership des dirigeants politiques.

En dépit de quelques progrès réalisés ces dernières années, notamment dans la réduction du délai d'enregistrement juridique d'une entreprise (on peut désormais créer son entreprise en vingt-quatre heures), les entrepreneurs guinéens évoluent dans un environnement peu favorable à leur épanouissement.

En 2019, l'Apip – Agence guinéenne de la promotion des investissements privés, révèle dans une étude que, les jeunes entrepreneurs guinéens sont confrontés à quatre problèmes :
- L'accès au *financement*,
- L'accès au *marché*,
- Le poids du *système fiscal*
- Et la *corruption*.

Des problèmes qui sont liés directement à la gouvernance. On observe un taux de mortalité des entreprises évalué à soixante-quinze pour cent pour les entreprises créées entre 2014 et 2018, affirme la même étude. L'un des taux les plus élevés au monde.

Les causes de ces problèmes sont multiples et complexes, mais elles sont aussi en très grande partie due à la même problématique du leadership. Les jeunes apprentis entrepreneurs sont peu ou pas du tout, outillés à gérer les changements et les incertitudes. Ils ne sont pas préparés à être leader dans ce qu'ils font.

En plus de l'exigence de la stabilité politique et de la construction d'une administration publique compétente et crédible, les défis suivants restent à relever par l'État guinéen pour tirer bénéfice du génie de ses entrepreneurs :

- Formation et coaching pour développer leur leadership entrepreneurial ;
- La facilité d'accès aux crédits et à des taux d'intérêts raisonnables ;
- Rendre l'institution judiciaire forte et crédible pour attirer les investissements étrangers ;
- La fin des tracasseries administratives et la corruption par la digitalisation des moyens de paiement des taxes et impôts ;

- Et la mise en place d'une politique de fiscalité plus souple et simplifiée qui inciterait des milliers de jeunes entrepreneurs à sortir de l'informelle.

L'entrepreneuriat dynamique est non seulement la solution pour faire face au chômage massif et à la précarité des jeunes, mais aussi un moyen efficace pour la répartition de la richesse et de lutte contre l'extrême pauvreté.

Pour ce faire, il faut travailler au développement des champions nationaux de l'économie dans tous les secteurs (banque, agro-industrie, innovations, mines, etc.), des leaderships économiques à l'image d'Ali Dangote et de Tony Elumelu au Nigeria, de Jean Kakou Diagou en Côte d'Ivoire ou encore de Mark Zuckerberg et Elon Musk aux États-Unis.

- ### *Réduire les inégalités par une meilleure redistribution des richesses*

L'économie guinéenne est peu diversifiée et avec un État mal structuré on assiste à la montée des inégalités sociales sources des tensions politiques et ethniques. Ce qui rend le pays vulnérable aux chocs interne et externe, comme les pandémies, les pénuries et autres catastrophes naturelles. Le pays a toujours montré son incapacité à faire face à ce genre de crise.

La croissance moyenne (3 à 5%) du Produit intérieur brut que la Guinée a connu ces dix dernières années est tirée essentiellement par l'exploitation minière. Elle n'est malheureusement pas distributive. En effet, le peu de richesse créée ne bénéficie qu'à une petite minorité alors que l'écrasante majorité des Guinéens n'a pas accès au minimum vital : électricité, eau, pain, etc. Aussi, ce rythme de la croissance est trop insuffisant pour permettre au pays de sortir de l'extrême pauvreté endémique. Mais peut-on faire plus sans avoir résolu le problème d'instabilité, sans une jeunesse éduquée et formée, sans une capacité énergétique stable pour son industrialisation et sans des entrepreneurs créateurs de richesse ?

Les perspectives économiques positives ont été refroidies par les tensions politiques de 2020, et le coup d'état de septembre

2021 ; la stabilité est nécessaire pour assurer la pérennité des réformes économiques et attirer des investissements.

En dépit de son potentiel agricole et bien que le secteur occupe plus de la moitié des Guinéens, les investissements y sont très faibles. La contribution du secteur au produit intérieur brut reste en deçà des attentes. L'autosuffisance alimentaire est encore un rêve.

Alors que le secteur agricole occupe environ soixante pour cent de la population, sa contribution à la croissance économique du pays est très inférieure par rapport à son potentiel. Un investissement conséquent et stratégique dans ce secteur sonnera le glas de la pauvreté en Guinée.

Pour s'assurer une croissance économique stable et durable, le pays doit travailler à se doter d'un programme stratégique national de développement cohérent à l'image du « Programme national d'action (2001 – 2010) » qui avait été conçu pendant la période d'espoir et de prospérité que le pays a connus entre 1996 et 2000. Ce plan décennal était le fruit d'une vaste concertation qui a concerné tous les secteurs et toutes les forces vives du pays. Il fut longtemps utilisé comme documents de référence par les gouvernants, les investisseurs et les partenaires du pays. C'est cela un leadership de vision. Malheureusement, les crises politiques récurrentes qui ont entraîné le pays dans une instabilité avaient enrayé son processus.

La réussite des reformes pour le développement d'un pays dépend, on ne cessera de le dire, des capacités de leadership et d'homme d'État de ses dirigeants.

À PROPOS DE L'AUTEUR

Ousmane Moriah Kaba né le 04 avril 1988 dans le district de *Gbéréiré-Bafila*, préfecture de Forécariah est un activiste politique, membre de l'organisation de la jeunesse du parti *Union des Forces Républicaines – UFR*. Il est diplômé en Ingénierie des techniques de laboratoire chimie, une matière qu'il enseigne depuis 2014 dans des lycées à Conakry.

Passionné de la politique, il a bénéficié de plusieurs certifications dans les thématiques sur le leadership politique, dont entre autres :

Un *Master exécutif* en Management and Business Administration spécialisé en *Leadership* de l'Université Suisse *UMEF* (Webinaire Conakry-Genève, avril 2021 – mai 2022) ;

Un atelier de renforcement de capacités sur la défense des droits de l'homme et de la démocratie avec le *Forum National des jeunes des partis politiques-FoNaJep* sous l'appui technique et financier du *Programme des Nations-Unis pour le développement – PNUD* (Kindia, juillet 2023) ;

Un séminaire sur le leadership politique et la communication politique autour du thème « *Jeunesse et menaces d'instabilité en Afrique de l'Ouest* » à l'*Institut de Formation Politique Amadou Gon Coulibaly* (Abidjan, décembre 2022) ;

Un atelier sur le marketing politique et la communication digitale avec la *Fondation Friedrich Naumann –FNF* (Conakry, avril 2019 et Dakar, juin 2022) ;

Un séminaire sur les techniques de négociation politique avec le *National Democratic Institut – NDI* (Conakry, 2020).

BIBLIOGRAPHIE ET RÉFÉRENCE

De la démocratie en Amérique – Alexis de Tocqueville – Institut Coppet – douzième édition, revue, corrigée

Bulding Better Global Economic BRICs, Global Economics paper, Article de Jim O'Neill www.goldmansachs.com – 2001

Recettes minières en Guinée – Rapport FMI n°21/147, juin 2021

« Quels bénéfices en tirons-nous ? », Impact de l'exploitation de la bauxite en Guinée, www.HRW.org, octobre 2018

Le leadership durable ; ou comment diriger dans un monde VUCA – David Ducheyne, juillet 2016

Leadership – Brève définition, Equipe Perspective monde, juillet 2023, www.Perspective.usherbrooke.ca

Économie et société, Max Weber, Collection Pocker Agora, 2003, page 96-100

Autocracy and Democracy : An experimental inquiry, Harper&Brother : New yor, 1960, page 330

Laxiste, Autoritaire, Démocratique, Quel Leader Êtes-Vous ? - Forbes France - 22 octobre 2019

Alex Hoodashian, Cours de Master, Leadership interculturel – 2021, Swiss UMEF University of applies sciences, Genève.

L'islam en Guinée : Fouta Djallon, Paul Marty, 1921, Collection Revue du Monde, pages 4-10

Confiance populaire aux institutions, www.Afrobarometer.org , publié 3 Mars 2023

La charte de Kouroukan Fouga - Atelier régional de concertation entre communicateurs et traditionnalistes maninka, mars 1996, Kankan, Rep. Guinée

Soundiata ou l'épopée mandingue, Dibril Tamsir Niane, 1960

La charte du Manden, Tom1 : du serment des chasseurs à l'abolition de l'esclavage, Youssouf Tata Cissé, éditions Triangle Dankoun, 2015 Pages 69 - 75.

Tarika Karamoko Alfa mo Labé, Ibrahima Dàka Diallo, Cheick Ahmed Tidiane Diallo pages 18-19

L'islam en Guinée, Fouta Djallon – Marty Paul – Pages 4-5

Les empires djihadistes de l'ouest-africain aux XVIIIe – XIXe siècles. Cahiers d'histoire. Revue d'histoire critique, n°128, 2015

L'Almami Samori Touré. Empereur, - Khalil Fofana - Récit historique, Paris, Dakar, Présence Africaine, 1998 - Page 133

Le morcellement identitaires des populations littorales ; quelques éléments de l'histoire du peuplement – Stéphane Bouju – pages 131-138. www.Cain.info

Mbalia Camara, martyre de l'indépendance guinéenne, Nofi, 25 février 2017

Chefs traditionnels chez les soussous

Parti Démocratique de Guinée, Saifoulaye Diallo 1923 - 1981, www.webguinee.site

Couper la Guinée en quatre ou comment la colonisation a imaginé l'Afrique, Revue vingtième siècle, Revue d'histoire, 2011/3, numéro 11, pages 73 à 88. www.Cain.info 2023

La fin de la Chefferie en Guinée – publié en ligne par Cambridge University Press, 22 janvier 2009, Jean Suret-Canale

Dictature – Brève définition - Equipe Perspective Monde, Ecole de politique appliquée, Faculté des lettres et sciences humaines, Université de Sherbrook, Quebec, Canada ; www.perpective.usherbrook.ca

Mouvements commerciaux et évolution économique de la Guinée française de 1928 à 1938 : l'essor de la spécialisation bananière. – Micher Trentadue – Outremer Revue d'histoire – 1976 – Page 583.

Mémoire collective, une histoire plurielle des violences politiques en Guinée – Regards croisés de journalistes, d'universitaires et de défenseurs des droits humains. RFI, FIDH 2018 – Pages 82-85 ; pages 93 – 94 ; page 216

Jeune Afrique Plus, n° 8, juin 1984, p. 24

Le non de la Guinée à de Gaulle – Lansiné Kaba, 1989, Editions Chaka

De la dictature à la démocratie : Un cadre conceptuel pour la libération - Gene Sharp - Institution Albert Einstein - L'Harmattan, 2009 – Pages 26 et 27

Document cadre de Politique Economique pour la période (1999 – 2001) – 03 décembre 1999 ; Gouvernement Guinéen (GG).

New Political Leadership - Alain Hoodashtian – Janvier 2022

Le Siècle du populisme. Histoire, théorie, critique - Pierre Rosanvallon Pages 25 et 26

Revue www.EDHEC.edu Business school – publiée 9 octobre 2022

Leadership and organisation behaviour – Bernard Morris Bass – 1959

L'éducation à la citoyenne : le rôle de l'école – Saliou Sarr

Contestations en Guinée après les résultats du premier tour de l'élection présidentielle (rfi.fr) - 13/07/2010

Mamady Doumbouya : quand l'histoire se répète en Guinée - BBC News Afrique - 6 septembre 2021

La violence ethnique de l'État postcolonial, le cas de la Guinée –Moustapha Diop, dans Tumultes 2015, N°44, pages 103 á 115 – Éditions Kimé.

« Complot Peul » et camp Boiro, Wajidou Mouchili, archivesdafrique.

Guinée (Série 3/5): le complot des enseignants de 1961 - Reportage Afrique (rfi.fr)

Guinée: Le 27 aout 1977, la révolte des femmes contre les abus de Sékou Touré – Konakryexpress – Le blog d'Abdoulaye Bah

https://cirdguinee.org/seminaire-3sg-ethnicite-et-democratie-en-guinee-le-04-mars-a-sonfonia/

Politiques africaines N°169 : La Guinée depuis Condé. Abdoulaye Wotem Somparé. Edition Karthala

Contestations en Guinée après les résultats du premier tour de l'élection présidentielle (rfi.fr) - 13/07/2010.

Analyse du secteur de l'éducation et de la Formation, pour l'élaboration d'un programme décennal (2019 – 2028) – Unicef, Unesco, Iipe – 2019 – pages 17 à 25

Réussir la décentralisation, chapitre 4. Avantages et défis associés à la décentralisation – OCDE 2023

Programme national d'action (2001 – 2010) – Gouvernement Guinéen – Février 2001.

Étude sur la mortalité des entreprises – Apip – Guinée, 2019.